HENRIETTE HELL

IHR KÖNNT MICH MAL
... SO NEHMEN, WIE ICH BIN

HENRIETTE HELL

Ihr könnt mich mal

... SO NEHMEN, WIE ICH BIN

**MEIN ZIEMLICH GEILES LEBEN
OHNE KIND UND KARRIERE**

INHALT

INTRO — 6
»Hi! Na?« Oder: Gratis-Club-Feeling — 7

MEIN LEBEN MIT 30 — 12
So jung kommen wir nicht mehr zusammen — 14
In den Dreißigern wird verhandelt — 19
Der Elefant und die drei Wünsche — 24
Wenigstens ist noch Wein im Kühlschrank — 28
Happy End? Mir reicht schon eine Happy Hour … — 33
Selbstoptimierung? Nein danke! — 38
Shoppingparadies Kopenhagen: Einmal Baby »to go« bitte! — 40
Das Schlimmste sind die Trinkpausen! — 44
Rettet Jennifer Aniston! — 51
Sexual Attraction im Jogginganzug — 57

ARBEIT ODER SO ÄHNLICH — 62
Hollywood. Oder wenigstens Hamburg. Mein Einstieg in die Medienbranche — 64
Liebe, Schnaps & Techno — 76
Tschüss, 40-Stunden-Woche. Tausche Frust gegen Freiheit — 84
Plötzlich Z-Promi. Oder: Alles, was du hast, hat irgendwann dich — 91
Kuhpisse. Oder: Vertrau dem Universum — 99

LIEBE UND WAHNSINN … 104

Mein erster eingebildeter fester Freund 106
»Only you?!« – Neulich in Marokko, Teil 1 111
Ich werde hier gleich wahnsinnig … glücklich? 113
Willkommen auf der Ü-30-Party! Oder: Aaron Carters
   Gesichtstattoo 121
»Lächele doch mal!« – Neulich in Marokko, Teil 2 126
Pisco & Promihochzeiten: Was ist »gutes
   Beziehungsmaterial«? 128
Berliner Beziehungen. Oder: »NEXT!« 133
Oh, wie schön ist Pa(ar)nama 141
Zoom-Selbsthilfe: Ich will dich aussaugen, Baby! 144
Danke, ich hab schon. Oder: Uwe von der
   freiwilligen Feuerwehr 155
Endlich chillen mit 40? Oder: Die Absolution
   von Candace Bushnell 164
Der indische Wahrsager 170
Advent, Advent, der Single brennt. Oder: Guten Lutsch! 178

AM ENDE 184

Auf der Bank von Lady Di 185
Danke schön 189
Endnoten 190

INTRO

»HI! NA?«
ODER: GRATIS-CLUB-FEELING

Mein Name ist Henriette, ich bin 34, und alles, was mich gerade interessiert, ist, wann die verdammten Clubs nach der Corona-Krise wieder öffnen. Ich bin weder verheiratet noch arbeite ich auf die nächste Beförderung hin. Dafür lege ich größten Wert auf eine anspruchsvolle Freizeitgestaltung. Vor nicht allzu langer Zeit war ich mit meiner Ü-60-Clique auf einem Roland-Kaiser-Konzert. Sitzplätze, Champagner satt, Schunkeln im Takt. YOLO! Einen Tag später habe ich mit Freunden Techno in einem abgeranzten Berliner Club aufgelegt. Die halbe Gage ging auf der Rückfahrt für mieses Tankstellenessen drauf. Dafür war unser Glücksdepot randvoll. Dann kam Corona.

Mein neues Nummer-eins-Hobby sind Spaziergänge. Wenn mir langweilig ist, lungere ich mit einer Freundin vor teuren Hi-Fi-Fachgeschäften herum, die der Laufkundschaft den Sound des neuesten Bose-Soundsystems präsentieren, und freue mich über Gratis-Club-Feeling. Masken finde ich nicht schlimm, die habe ich früher schon auf Raves in staubigen Gefilden getragen. Dazu heimlich ein Schlückchen aus dem Piccolöchen »to go«, versteckt im Eastpak-Rucksack ... und – schwups! – fühlst du dich wieder wie früher, mit 16. Statt unser hart verdientes Geld wie sonst für Restaurantbesuche und übertouerte Cocktails auszugeben, hängen meine Freunde und ich neuerdings wieder auf Spielplätzen ab, trinken Eistee (mit Schuss) aus Tetrapacks und spielen Tischtennis. Aus der Bluetoothbox dröhnt *Nicht allein* von Absolute Beginner. Wir tragen Kapuzenpulli und Gummistiefel. Einer kifft. Wir sind diesen Monat alle in Kurzarbeit: kein Geld, massig Zeit, wenig zu tun. Das fühlt sich an wie endlose Sommerferien auf dem Dorf. Leider geil.

Im vergangenen Sommer bin ich Tante geworden. Das schönste Gefühl der Welt. Was mich selbst angeht – keine Ahnung, ob das was für mich wäre: ein Baby. Meine Oma fragt mich jedes Mal am Telefon, wann es bei mir so weit ist. Nervig! Mag ja sein, dass ich keine 22 mehr bin, aber bei dieser verbissenen Hetzjagd nach dem ultimativen Happy End (aka Haus, Hochzeit, Nachwuchs), die einige Frauen in meinem Alter an den Tag legen, bin ich raus. Tut mir einen Gefallen und fragt uns Singlefrauen nicht bei jedem Treffen nach unserem Beziehungsstatus. »Es ist kompliziert« trifft es in 99,9 Prozent der Fälle. Ein Problemfall bin ich deshalb noch lange nicht. Es gibt tausend verschiedene Gründe, warum Beziehungen scheitern oder jemand für den Moment lieber allein ist. Ratschläge à la »Vielleicht solltest du mal darüber nachdenken, deine Eizellen einfrieren zu lassen« gehören verboten.

Mit Perfektionswahn halte ich mich nicht auf. MEIN Arsch darf ruhig ein bisschen schwabbeln. MEIN Liebesleben muss nicht perfekt sein. Auf MEINEM Konto darf ruhig mal Ebbe herrschen. Beruflicher Erfolg ist für mich, wenn ich maximal vier Stunden täglich dafür aufwenden muss, meine Miete, geiles Essen, qualitativ hochwertige Drinks und Netflix bezahlen zu können. Ein entspannter Lifestyle ist mir wichtiger als Statussymbole. Dafür brauche ich auch nicht 20 Achtsamkeits-Apps auf dem Smartphone. Wenn ich eins gelernt habe, dann das: Menschen, die vermeintlich alles haben, haben auch immer eine Leiche im Keller. Hab ich auch, haben wir alle.

Manchmal gleicht mein Leben einer gigantischen Fuck-up-Night. Ich wurde schon gefeuert, geghostet, ausgeraubt, ausgebuht, abgesetzt und von einem indischen Affen angepinkelt. Als alle meine Freunde studieren gingen, wählte ich den Quereinstieg in die Medienbranche. In meinen Zwanzigern arbeitete ich mich beinahe kaputt: zuerst, um Karriere zu machen, später nur noch, um irgendwie durchzuhalten. Auf einer Weltreise mit dem Rucksack erholte ich mich von dem toxischen Betriebsklima, in dem ich mich viel zu lange bewegt hatte – und schrieb unterwegs versehentlich einen Bestseller. Dadurch dämmerte mir allmählich, worum es geht: Um gut und erfolgreich zu sein, musst du dich nicht abkämpfen. Alles, was du brauchst, trägst du bereits in dir. Vertrau deinem Instinkt. Glaube an dich und deine Talente. Gib deiner Kreativität Raum, um sich zu entfalten. Genieße das Leben. Kurz darauf hagelte es lukrative Jobangebote, aber ich lehnte alle ab und reiste zum Entsetzen meiner Eltern weiter um die Welt. Unterwegs schrieb ich einmal die Woche eine Kolumne für ein großes Magazin. Das reichte knapp, um mir ein kleines Hotel am Strand, haufenweise frische Mangos und abends Meeresfrüchte und Rotwein leisten zu können.

Mein Steuerberater fand das unmöglich: »In zwei Jahren bist du entweder depressiv oder pleite!« Aber ich setzte sogar noch einen drauf und stieg nach meiner Rückkehr zum Ausgleich als DJane bei einem Technokollektiv ein. Von Montag bis Donnerstag arbeitete ich nun als freie Journalistin und an den Wochenenden war ich auf der Bühne zu Hause. Diese bunte Mischung erfüllte mich. Das verstanden allerdings nicht alle. »Du solltest mit dem Quatsch aufhören. Mit Anfang dreißig macht man entweder Karriere oder bekommt ein Kind«, ermahnte mich mein Umfeld. Also gab ich nach und zog mit meinem damaligen Freund zusammen. Dieser Versuch scheiterte schon nach kurzer Zeit, weil das einfach nicht mein Ding war und ist – der klassische Weg.

Aber hey, das Leben ist zu kurz, um sich ständig aus der Perspektive anderer zu verurteilen! Jeder Mensch sollte die Regeln für ein gelungenes Leben selbst festlegen. Druck brauche ich nur auf meinen Fahrradreifen. Lasst die olle Uhr doch ticken. Frauen müssen nicht gleichzeitig erfolgreich, glücklich verliebt, reich, gertenschlank, topgestylt, Mutter, Ehefrau, Führungskraft, Gutmensch, Abenteuerin, politisch engagiert und ausgeglichen sein. Eins zur Zeit ist auch schon ganz schön gut! Denn es gibt kaum etwas, was sich von Mensch zu Mensch so stark unterscheidet wie die persönliche Definition von Glück.

Oder anders ausgedrückt: Ihr könnt mich mal ... so nehmen, wie ich bin.

MEIN LEBEN MIT 30

Happy End? Mir reicht schon eine Happy Hour ...

Weniger Date-Desaster, mehr Selbstliebe – das können die meisten von uns in ihren Dreißigern gut gebrauchen. Oft fühlen wir uns von den Erwartungen, die die Gesellschaft an uns stellt, überfordert: den Mann fürs Leben finden, heiraten, eine Familie gründen ... Wollen wir das alles wirklich? Oder denken wir bloß, dass wir das wollen sollten? Was, wenn wir lieber mit dem Rucksack um die Welt reisen, uns sexuell ausleben, in einem Wohnmobil leben wollen? Was, wenn wir alleinerziehend besser dran sind? Oder einfach nicht den Richtigen finden? Ab wann sind wir beziehungsunfähig, selbstverliebt, suchtgefährdet, eingefahren, ein Vorbild, langweilig, ein hoffnungsloser Fall? Und wie schaffen wir es, uns selbst anzunehmen? Wer sind wir ohne Kinder? Unsere Jobs? Geld? Freiheit? Die deutsche Staatsangehörigkeit? Wer zur Hölle bin ich eigentlich?

SO JUNG KOMMEN WIR NICHT MEHR ZUSAMMEN

Ich werde demnächst 35 und habe absolut keine Ahnung, was mich in meinem neuen Lebensjahr erwartet. Ein paar verrückte Geschäftsideen befinden sich schon in der Pipeline und der Plan für meine Geburtstagsparty steht: Ich feiere zusammen mit meiner Freundin Funny. Ihr Name ist Programm. Wir wollen einen dreitägigen Rave in ihrem Schrebergarten im tiefsten Dschungel von Hamburg-Wilhelmsburg veranstalten. Unsere Freunde sollen in Schichten bei uns aufschlagen. Wegen Corona. Die Familien dürfen von 19.00 bis 21.00 Uhr zu Sekt und Kuchen vorbeikommen; Burn-out-gefährdete, dauermüde Workaholics kriegen von 21.00 Uhr bis Mitternacht Schnaps satt und dann geht's ab ins Bett. Die Harten kommen spät und müssen (!) bis zum nächsten Morgen bleiben, während wir erstklassigen Techno, Trash-Hits und Konfettibomben abfeuern. Kostüme sind Pflicht, das Motto lautet: Glitzerbitches. Als Snacks stehen Mettigel und Bananendelfine bereit.

Danach? Werden wir ungefähr eine Woche lang genüsslich auskatern. Ein guter Zeitpunkt für eine persönliche Bestandsaufnahme: Was habe ich im letzten Lebensjahr verkackt? Was möchte ich besser machen? Bin ich glücklich? Im Großen und Ganzen lautet meine Antwort auf jene kriegsentscheidende letzte Frage aktuell: Ja. Ich bin gesund und habe die Freiheit, tun und lassen zu können, was ich will, zudem Freunde und Familie, die immer für mich da sind. Und verliebt bin ich auch.

Darf man einer Untersuchung des Schweizer Ökonomieprofessors Hannes Schwandt Glauben schenken, ist mein gegenwärtiges

Glücksgefühl nicht normal. Mehr noch: Es grenzt fast an ein kleines Wunder! Der Mann hat nämlich herausgefunden, dass wir mit 23 und 67 Jahren am glücklichsten sind. In der Zwischenzeit seien eher Stress und Krisenstimmung angesagt.[1]

Hm, mal kurz überlegen, was mit 23 so bei mir los war: meine erste eigene Wohnung in meiner Traumstadt Hamburg, mein erster richtiger Job, das erste Mal Backpacking in Asien, wilde WG-Partys nonstop. Jap, die 23 rockt. Die ganze Welt liegt einem zu Füßen, und man denkt, es geht immer so weiter. Bis einem irgendwann die Realität eins mit dem Vorschlaghammer überzieht. Vielleicht wirst du gefeuert. Von der (vorläufigen) Liebe deines Lebens abserviert. Machst Bekanntschaft mit dem Tod. Verlierst Freunde. Scheiterst. Bereust. Viele stürzen dann erst mal in die Quarterlife-Crisis, wenn sie zum Beispiel bemerken, dass der von ihnen erwählte Beruf oder Studiengang überhaupt nicht zu ihnen passt. Vielleicht folgen Selbstfindungstrips in Dritte-Welt-Länder, Experimente mit Drogen, Therapien, ein beruflicher Neuanfang. Sexuelle Umorientierung. So manch einer resigniert auch einfach. »Bis Ende zwanzig kommt man noch damit über die Runden zu denken, dass alles gut laufen wird«, erklärt Hannes Schwandt gegenüber *jetzt.de*. »Aber irgendwann wird dann doch klar, dass das Leben doch keinen so wahnsinnig glorreichen Weg geht.«[2]

Die Midlife-Crisis ist kein Klischee – sie lebt! Das hängt laut Schwandt damit zusammen, dass wir uns in unserer Lebensmitte ständig irren, wenn wir uns unsere Zukunft ausmalen. Klar, ich war mit 20 schon davon ausgegangen, dass ich in meinen Dreißigern zusammen mit (m)einem Mann in einer luxuriösen Altbauwohnung residieren und irgendeine hoch bezahlte Führungsposition innehaben würde. Am Ende kam alles anders. Zum Glück! Heute weiß ich, dass ich in völlig anderen Dingen Erfüllung finde. Bis zu dieser Erkenntnis war es ein langer, schmerzhafter Prozess. Die

Kunst liegt darin, Enttäuschungen in Gewinne zu verwandeln. Und bloß nicht alles so ernst zu nehmen.

Das gelingt natürlich nicht allen, etwa wenn jemand durch eine Trennung plötzlich alleinerziehend wird oder durch permanente Überforderung im Job krank. Solche Probleme sind einem mit 23 wahrscheinlich noch eher fremd. Aber zwischen 30 und 50 werden viele Menschen davon überrollt. Deshalb ist es auch naiv anzunehmen, dass unsere Zufriedenheit mit fortschreitendem Alter immer weiter ansteigt. Aber genau das tun wir Menschen! Hinter diesem sogenannten Overoptimism steckt laut Schwandt ein evolutionärer Nutzen. »Wenn die Menschen wohlgeeichte Erwartungen davon hätten, wie viel Stress Kinder bedeuten, würden wahrscheinlich sehr viel weniger Leute Kinder bekommen.«[3] Irgendwann, mit Ende vierzig/Anfang fünfzig, käme dann der totale Tiefpunkt.

Tolle Aussichten! Enttäuscht von all dem Mist, der einem bis dahin passiert sein wird, und weil der Lack ab ist, verlieren viele quasi komplett die Hoffnung, was die Zukunft angeht. Aber – und jetzt kommt's: Sobald man sich mit diesem desolaten Zustand arrangiert habe, würde es wieder bergauf gehen. Viele hätten dann begriffen, dass die Würfel gefallen seien. Und das sei ungeheuer befreiend. Ältere Menschen könnten darüber hinaus besser mit Enttäuschungen umgehen, weil ihnen ihr jugendlicher Ehrgeiz nicht mehr im Weg stehe.[4] Klar, irgendwann hat auch der Letzte geschnallt, dass man sowieso immer wieder aufs Neue verkackt. Egal, wie gut der Plan war.

Es soll ja Leute geben, die ihr ganzes Leben nach Zahlen ausrichten. Bis 25 möchten sie irgendeinen sexy Abschluss in der Tasche haben, bis 29 eine Weltreise gemacht haben, bis 30 verheiratet sein, bis 33 ein Kind oder die Beförderung bekommen haben und bis 40 ein Eigenheim besitzen. Wenn etwas schiefläuft, fühlen sie sich als Versager beziehungsweise Versagerinnen. Wozu dann überhaupt der Stress?

Die wahren Vorteile der Dreißiger sind ganz andere. Jetzt beginnt der beste Teil unseres Lebens! Wer das leugnet, ist wahrscheinlich unter 18 oder hat auf seiner ersten Ü-30-Party in einer ländlich gelegenen Großraumdisco ein Trauma erlitten.

Fangen wir mit dem Offensichtlichen an: Wir kleiden uns besser, haben endlich den Style und das Geld für Lala Berlin und Co. Statt uns in der Bar *99 Cent* halb blind zu saufen, trinken wir Cocktails in gediegenen Lokalen. Oder mixen selbst hinter unserem hauseigenen Tresen. Wir schämen uns nicht mehr für alles und jeden, stehen zu peinlichen Vorlieben. *Volare* von den Gipsy Kings oder *I'd do anything for love* von Meat Loaf mit voller Lautstärke bei offenem Verdeck hören? Wir tun es. Wahrscheinlich sind wir dabei gerade auf dem Weg zu einem gemütlichen Kochabend bei Freunden, um dort so exotisch-abgefahrene Sachen wie Jackfruit-Gyros oder Gulasch vom Wildschwein zuzubereiten.

Im Job haben wir uns mittlerweile etabliert und können uns allmählich (unauffällig) zurücklehnen. Wir sind schnell, sicher und gut in dem, was wir tun. Wenn die Praktikantinnen und Praktikanten von ihren letzten Wochenenden erzählen, können wir nur schwerlich ein Gähnen unterdrücken. Wenn die Frischlinge wüssten, was WIR damals so alles getrieben haben ... In den wilden, äh, 2000ern. Gekocht hat damals keine Sau. Als Hauptnahrungsmittel fungierten Käsebrote. Donnerstags war grundsätzlich »After Work« angesagt. Sprich: Druckbetankung bis 4.00 Uhr morgens auf dem Kiez. Und am nächsten Tag verkatert auf der Arbeit so tun, als wäre man voll seriös bei der Sache. Davon nehmen wir heute Abstand. Unsere Donnerstage verbringen wir vorzugsweise im Spa. Wenn es drauf ankommt, können wir Nietzsche zitieren. Aber auch immer noch Frank Drebin.

Peinliche Stille gibt es in unserem Leben schon lange nicht mehr. Egal ob mit Vorgesetzten, Promis oder attraktiven Vertretern des anderen (oder eigenen) Geschlechts – uns fällt stets die passende Anekdote ein. Wir kennen mittlerweile den Unterschied zwischen Traminer und Tiramisu, wissen, wie man ein Baby wickelt und Austern schlürft. In einem Sternelokal bewegen wir uns ebenso souverän wie an einem überfüllten Busbahnhof in Neu-Delhi. Wir sehen das große Ganze. Nicht nur unseren eigenen Kosmos.

Nun müssen wir allerdings stark sein, denn die Gesellschaft möchte uns plötzlich vorschreiben, was wir jetzt bitte schön mit unserem Leben so anfangen sollten – jetzt, wo wir ein bestimmtes Alter, eine gewisse Reife erlangt haben. Aber das lassen wir uns schon lange nicht mehr sagen. Dazu haben uns intellektuelle Freigeister ermutigt, deren Nähe wir zunehmend suchen. Wenn wir unser gesamtes Hab und Gut verkaufen und in einen VW-Bus ziehen wollen, tun wir das. Und wenn wir mit 40-Stunden-Wochen, Bürojobs oder Babypartys nichts anfangen können, dann wird uns niemand aufhalten können, unsere Surfschule auf Bali zu eröffnen (außer vielleicht Corona). Das nötige Startkapital für solch verrückte Träume haben wir mittlerweile nämlich locker angespart.

Es wird ein bisschen anstrengender für uns, sobald wir gegen den Strom schwimmen. Aber damit können wir leben. Manchmal sind wir grundlos traurig, haben Weltschmerz. So naiv und zuversichtlich wie in unseren Zwanzigern sind wir längst nicht mehr. Zum Glück! Heute wissen wir, was falsch läuft in der Welt, wir engagieren uns, tun (fast) alles, was in unserer Macht steht, um das Klima zu retten. Unsere Herzen sind vernarbt, wir wurden verletzt oder enttäuscht und stellen viel Althergebrachtes infrage. Manchmal haben wir richtig Angst und zweifeln an uns selbst. Aber genau das ist es, was uns immer wieder weiterbringt und kreativ werden lässt. Es ist 2021 und wir sind keine Kinder mehr. Die Welt hat uns und unsere Visionen nie dringender gebraucht als heute.

IN DEN DREIßIGERN WIRD VERHANDELT

Ich habe eine gute Freundin. Ihr Name ist Polly, sie ist 54 und arbeitet als Drehbuchautorin. Ihre große Liebe hat sie erst mit Mitte vierzig getroffen. Sie und ihr Partner wohnen in getrennten Wohnungen, treffen sich immer nur dann, wenn sie Lust aufeinander haben. Mit seinen schmutzigen Socken möchte Polly nichts zu tun haben. Sie lebt für glamouröse Partys, reist viel um die Welt und liebt ihre Arbeit. Wir haben schon häufig zusammen an Texten gefeilt, dabei trinken wir Wein und landen früher oder später auch immer beim Thema Liebe und Männer. Normal. Polly hat mal etwas zu mir gesagt, was mich nachhaltig beeindruckte. So hatte ich das zuvor noch nie irgendwo gehört, aber es machte für mich auf Anhieb Sinn: »In den Dreißigern wird verhandelt: Willst du Kinder oder nicht? Wenn du keine willst, bekommst du auch keinen von den lieben, fürsorglichen, bindungswilligen Typen, die auf Hausbau und Familie aus sind. Männer sehen in dir dann keine Frau fürs Leben, sondern eine für ein Abenteuer. Wahrscheinlich wirst du lange keine glückliche Beziehung führen. Ab 40 entspannt sich die Lage wieder. Sobald die Rushhour des Lebens vorbei ist und du weder ›Frischfleisch‹ noch ›Muttermaterial‹ bist, beginnt die beste Zeit. Die Leute hören endlich auf, dich zu bewerten, du kannst tun und lassen, was du willst, und die ersten Geschiedenen werden auf den Markt gespült. Erntezeit!«

Auch heute noch habe ich keine Ahnung, wie ich damit umgehen soll. Soll ich mich jetzt auf meine Vierziger freuen und bis dahin auf Durchzug schalten? Ich glaube nämlich fest daran, dass irgendwo da draußen ein Mann auf mich wartet, der so tickt wie ich: freiheitsliebend, offen für alles Mögliche, nicht so verbissen, was die eigene Lebensplanung angeht. Ein verbindlicher, liebevoller Lebemann. IST DAS ETWA ZU VIEL VERLANGT?! Ich hoffe nicht. Andere haben schließlich auch bekommen, was sie wollten oder zu wollen glaubten: Die Hälfte meiner Freundinnen ist mehr oder weniger glücklich vergeben, alle paar Monate presst eine von ihnen ein niedliches rosafarbenes Etwas aus ihrer Vagina. Die andere Hälfte steht am Rande des Wahnsinns, weil sie in toxische On-Off-Liebeleien verwickelt ist. Einige haben komplett resigniert, andere amüsieren sich köstlich mit wechselnden Lovern. Und ich? Schwebe irgendwo in der Mitte. Meine Suche nach einem coolen, finanziell einigermaßen gefestigten, ehrlichen, kunstaffinen, intellektuell stimulierenden Freund ohne nennenswerte psychische Störung und mit gutem Musikgeschmack kommt mir immer öfter vor wie Frodos Wanderung zum Schicksalsberg: Ich muss jederzeit mit einem glitschigen Gollum rechnen!

Manchmal ist es fast schon einfacher, wenn ein Flirt online bleibt. Nett hin und her schreiben. In der Fantasie bleiben. So kann nichts zusammenbrechen. Ich kenne einige Frauen, die sich einen Boy in ihrem Handy halten. Alles, was sie von ihm wollen, sind zuckersüße Nachrichten, um sich weniger allein zu fühlen, abends, auf dem Sofa. Dafür füttern sie ihn ihrerseits mit verheißungsvollen Nachrichten und Fotos. Ein stillschweigender Deal, der in der »Generation beziehungsunfähig« immer beliebter wird.

Im Zeitalter von Individualismus, *#MeToo*, *KitKatClub*, Dating-Apps, Designerbabys und Sextoys mit Orgasmusgarantie wird es immer schwieriger, einen Menschen zu finden, der sich überhaupt noch langfristig binden will. Viele sammeln nur noch und scheinen vergessen zu haben, wie hoch die Belohnung ist, wenn man sich wirklich auf jemanden einlässt und sagt: »Dich will ich und sonst keinen!« Ganz egal, ob in Timbuktu vielleicht jemand sitzt, der theoretisch NOCH besser zu einem passen würde.

Zwischendurch lohnt es sich immer mal wieder, den eigenen Suchverlauf bei Google unter die Lupe zu nehmen, um den eigenen Seelenzustand auf etwaige Mängel zu überprüfen. (Liegt es vielleicht doch an mir – weil ich IRRE bin?!) Heute zum Beispiel kam bei mir Folgendes zusammen:

- *Spiegel Online, Die Zeit, Bild, Süddeutsche, New York Times*
- *Resterezept aus Senf, Tonic Water, Parmesan*
- *best of Claudia Obert*
- *künstliche Befruchtung Dänemark*
- *Coaching Liebeskummer überwinden*
- *Weinoutlet Lieferung nach Hause*
- *Wirkung DMT*
- *Anzeichen Trennung*
- *Liebeszauber*
- *Reizwäsche pink*
- *aufbauende Zitate Buddha*
- *Promi-Scheidungskriege*
- *die krassesten TV-Ausraster aller Zeiten*
- *Doku Crystal-Meth-Junkies*
- *Definition Unterschicht Oberschicht*
- *Flugsuche Hamburg Kalkutta*
- *Selbsttest: Bin ich Alkoholiker?*
- *Yoga-Retreat Detox*
- *Corona-Update*
- *Domian Podcast*

Alles im grünen Bereich. Finde ich. Vieles ist sowieso zyklusbedingt. In ihrer PMS-Phase braucht frau sich nicht großartig über partiellen Wahnsinn, depressive Schübe oder völlig abgedrehte Escape-Fantasien à la »Ich kündige und wandere morgen nach Bali aus!« wundern. Schon mal von der *Böser-Eierstock-guter-Eierstock-Theorie* gehört? In manchen Monaten stecken wir Frauen unsere Tage ganz easy weg, in anderen leiden wir wie Brasilien im 1:7-WM-Halbfinale 2014 gegen Deutschland – und zwar weil sich unsere Eierstöcke monatlich abwechseln und einer von ihnen immer die Rolle des »Bad Cop« übernimmt. Wenn der Schicht hat, ist bei uns dunkler Schacht. Schmerzen! Trauer! Wahnsinn! Doch statt unser PMS zu verfluchen, sollten wir diese Überempfindlichkeit lieber zu unserem Vorteil nutzen – als eine weibliche Superkraft, die uns dabei helfen kann, ein glücklicherer Mensch zu werden. Die, die es wissen müssen, haben herausgefunden, dass die emotionale Intelligenz in dieser Phase auf ihrem Höhepunkt ist und uns hilft, außergewöhnlich kluge Entscheidungen zu treffen. Hinter vermeintlichen Kleinigkeiten, die uns nerven – Unordnung, Lärm, Jobfrust, ein unaufmerksamer Partner oder die Menschheit an und für sich –, stecken in Wahrheit oft sehr reale Dinge, die uns traurig und unzufrieden stimmen. Wir können das sonst bloß besser verdrängen. Das PMS stellt sich ein, sobald der Östrogenspiegel sinkt, und schon sind wir nicht mehr kompromissbereit und stellen alles infrage: Job, Partnerschaft, Politik, Lebensinhalt. Das kann ein Hinweis darauf sein, dass wir dringend an ein paar Stellschrauben in unserem Leben drehen sollten.

»Piep.« Oh, ein Match. Wenn es ein gutes ist, könnte ich mich für heute Abend noch verabreden. Falls damit nicht eine einzigartige Lovestory beginnt und der Typ auch nicht als »plus eins« taugt, könnte das Date bestenfalls als Stoff für einen lustigen Artikel reichen. Man muss ja heutzutage recyceln, wo es nur geht. Oh. Mein

Match ist Astronaut! Verdammt, der sieht ja genauso aus wie jener Astronaut, den meine beste Freundin Kaja gerade bei Tinder kennengelernt hat. Fuck. Es IST der Astronaut, den Kaja seit zwei Wochen trifft. Ich schicke ihr einen Screenshot und rate ihr, keine weitere Energie an die Null zu verschwenden. Danach verabrede ich mich mit ihm. Natürlich bloß, um ihn zu versetzen, damit ich Kaja rächen kann. Puh, war das wieder ein anstrengender Tag ...

DER ELEFANT UND DIE DREI WÜNSCHE

Ich hätte meine Kolumne längst abgeben müssen. Trotzdem starrte ich seit einer Stunde auf das leere Dokument in meinem Laptop und grübelte über dies und das. Deshalb störte es mich auch nicht, als plötzlich der kleine goldfarbene Elefant aus Messing, den ich von einer Indienreise mitgebracht hatte und der seither seinen festen Platz auf meinem Schreibtisch hatte, anfing, mit mir zu sprechen: »Du tust mir leid. Ein wirklich erbärmliches Dasein, das du hier fristest. Ungekämmtes Haar, Schlafanzug, blasses Gesicht. Kein Wunder, dass du Single bist! Aus Mitleid erfülle ich dir drei Wünsche.«

Ich erschrak. War es wirklich so offensichtlich, dass ich mich diese Woche ein bisschen hatte gehen lassen? Unangenehm. »Das ist wegen meiner Trennung, die hat mich ein bisschen runtergezogen«, entgegnete ich schwach und versuchte, mich zu rechtfertigen: »Sonst bin ich überhaupt nicht so.«

Der Elefant hob seinen Rüssel, als wollte er mich aufmuntern. »Drei Wünsche, Süße. Schieß los. Ich hab nicht ewig Zeit.«

Ich überlegte kurz. Hatte ich abgelaufene Milch getrunken? Hatte mir jemand halluzinogene Pilze in den Kaffee gemixt? Ach, egal. So eine Chance bekam man schließlich nicht alle Tage. »Ich wünsche mir, dass du meinen Artikel fertig schreibst. Und am besten auch das ganze Buch, an dem ich gerade arbeite.«

Der Elefant stieß ein spöttisches »Torööö« aus. »Dann wärst du aber arbeitslos und hättest gar keine Aufgaben mehr. Was bleibt dir denn dann noch?«

Ich seufzte. Auch wieder wahr. »Aber der Druck wäre weg und ich könnte in Ruhe netflixen oder ein Bad nehmen.«

»Früher oder später käme ein neuer Auftrag«, entgegnete der Elefant. »Und Binge-Watching macht dumm.«

Das sah ich sogar ein. Prokrastination war sonst überhaupt nicht mein Ding. Aber heute, da fühlte ich mich einfach antriebslos. »Dann wünsche ich mir, dass ich nächste Woche nicht allein auf diese blöde Hochzeit gehen muss.«

Der Elefant kam ein paar Schritte näher. »Wieso wäre das eine Erleichterung?«

Ich zuckte mit den Schultern. »Die fragen mich da bestimmt alle über meinem Ex-Freund aus. Und ich komme mir vor wie die allerletzte Loserin.«

»Sorry, ich bin kein Therapeut. Also, machen wir's kurz: ICH werde kommenden Samstag mit dir auf diese Hochzeit gehen. Einen Rat möchte ich dir vorher aber noch geben: Die vermeintlichen Insignien eines gelungenen Erwachsenenlebens sind keineswegs zu verwechseln mit geistiger Reife, einem gefestigten Selbstwertgefühl, Intelligenz und Erfolg. Verstehst du, was ich dir sagen will? Du kennst die Beweggründe der anderen Menschen nicht. Vielleicht wollen sie sich selbst etwas beweisen, etwas darstellen, was sie gar nicht sind, oder einfach nur einen Haken auf ihrer Liste machen. Das alles sagt wenig bis rein gar nichts über die Qualität ihrer Beziehung aus. Du weißt nämlich nicht, was hinter verschlossenen Türen vor sich geht.«

Ich dachte schmunzelnd an die irre Scheidungsschlacht zwischen Johnny Depp und Amber Heard, in der es um Kokain, Kloppereien und Kot im Ehebett gegangen war. Jedes noch so kleine entwürdigende Detail ihrer kaputten Ehe wurde 2020 vor Gericht ausgebreitet. Dabei hatte alle Welt stets angenommen, dass es sich bei diesem Couple um eins der heißesten handelte, das Hollywood je gesehen hatte. Allerdings war das genaue Gegenteil der Fall gewesen: Bei einem Streit soll Heard zwei Wodkaflaschen nach ihrem Gatten geworfen und ihm dabei eine Fingerkuppe abgetrennt haben. Depp wiederum soll gedroht haben, ihren Hund in die Mikrowelle zu stecken. Und an ihrem 30. Geburtstag soll sie vor lauter Wut darüber, dass er zu spät zur Party erschien, ein Häufchen ins gemeinsame Ehebett gemacht haben. Noch Fragen?

Der Elefant stampfte ungeduldig mit seinem rechten Vorderfuß auf. »Hallo, Erde an Henriette. Dein zweiter Wunsch?«

Ich räusperte mich. »Kannst du mir meinen Traummann herbeizaubern, der auch unsterblich in mich verliebt ist?«

Daraufhin bekam ich erneut ein verächtliches Schnaufen zu hören. »Klar kann ich das, aber möchtest du wirklich mit einem Mann zusammen sein, den ich dir auf dem Silbertablett serviere? Das kannst du doch genauso gut selbst regeln. Bist ja schließlich ein heißer Feger.«

So langsam fing das Rüsseltier an, mir auf den Senkel zu gehen.

»Ich würde gerne mal auf dir um die Alster reiten.«

»Wie peinlich.«

»Für wen?«

»Uns beide. Ich bin doch kein Zirkustier!«

»Dann wünsche ich mir eben, dass du mich auf der Stelle nach Hawaii beamst.«

Der Elefant kräuselte seinen kleinen Rüssel und schüttelte die Schlappohren. »Deine Kolumne schreibt sich am anderen Ende der Welt auch nicht schneller.«

»Aber vielleicht lerne ich einen interessanten Mann kennen!«

»Das mit Sicherheit. Den Cop, der dich festnimmt, weil du keine ESTA-Reisegenehmigung hast.«

»Oh Mann. Dann halt nicht. Ich muss jetzt auch weiterarbeiten. Nach Hawaii komme ich zur Not auch ohne dich.«

»Na bitte!«, freute sich der Elefant. »Und genauso liegt auch die Erfüllung all deiner weiteren Wünsche ganz allein in deinen eigenen Händen.«

Nun war ich doch beeindruckt. Der Elefant verstand sein Handwerk. »Danke schön«, flüsterte ich und widmete mich wieder meiner Arbeit.

WENIGSTENS IST NOCH WEIN IM KÜHLSCHRANK

Kürzlich traf ich meine gute Freundin Lulu auf ein Glas Wein. Als Teenager haben wir zusammen auf Punkkonzerten zu den Songs der Band ihres großen Bruders geheadbangt und Wodka-O aus Flaschen getrunken. Sie war das erste Mädchen, das ich geküsst habe – nur so zum Spaß. Mir gefielen ihre Doc Martens, die sie mit einem silbernen Edding und dem Satz »Fick das Patriarchat!« verziert hatte. Heute arbeitet Lulu in der Geschäftsführung eines großen Konzerns, kämpft für die Frauenquote, mehr Gleichberechtigung, Equal Pay und Empowerment von Frauen. Durch unsere vielen intensiven Gespräche bin ich mir meiner Identität als Feministin erst so richtig bewusst geworden.

Lulu fragte mich bei unserer Verabredung, worüber ich gerade schreibe. Ich nippte an meinem Sauvignon Blanc. »Über den Druck, der auf Frauen über 30 lastet. Von allen Seiten bekommen wir ab einem gewissen Punkt zu hören, wie wir leben sollen. Vor allem, wenn du keine Kinder hast. Dann hagelt es taktlose Fragen – hauptsächlich von anderen Frauen! Es wird einem das Gefühl vermittelt, dass man sich als Frau erst komplett fühlen darf, wenn man Mutter ist. Aber was, wenn du ganz anders leben willst? Wie machst du dich von diesen Erwartungen und dem Druck frei? Und wie findest du heraus, was du wirklich willst? Frauen sollen endlich die sein können, die sie sein wollen – ohne sich rechtfertigen zu müssen.«

Lulus Augen begannen zu funkeln. »Ha! Genau mein Thema.« Sie seufzte. »Weißt du, bei mir ist es gerade genau umgekehrt: Ich hätte mittlerweile echt gerne ein Kind, bin ja auch schon 36 …

Aber Justus will noch keins.« Lulu verleibte sich einen großzügigen Schluck Wein ein. »Zum Glück habe ich mir die Eizellen schon vor drei Jahren einfrieren lassen. Aber ey, worauf noch warten?! Neulich meinte Justus zu mir: ›Wenn du ein Kind willst, musst du gehen.‹« Lulu hielt kurz inne. »Aber das werde ich nicht«, sagte sie leise. »Ich hätte bei meinem Job überhaupt keine Zeit und auch wenig Lust, noch mal auf Partnersuche zu gehen. Ich auf Tinder? Eher würde ich mich erschießen … Weißt du, Justus hat einfach nur Schiss. Deshalb habe ich ihm letzte Woche einen Antrag gemacht. Ganz spontan, beim Essen. Justus hat ja schon häufiger gesagt, dass er erwartet, dass ich IHM irgendwann mal einen Antrag mache, so von wegen Gleichberechtigung. Also dachte ich – scheiß drauf!« Lulu grinste. »Und er hat Ja gesagt.«

Ich applaudierte Lulu johlend, war aber auch irritiert: Nie hätte ich gedacht, dass auch Lulu irgendwann Torschlusspanik bekommen würde.

»Durch mein Alter fühle ich mich irgendwie unter Druck gesetzt«, gestand Lulu. »Als würde ich versagen, wenn ich den ganzen Familienkram mit Haus und Hund nicht rechtzeitig hinkriege und dann irgendwann mit Mitte vierzig blöd dastehe. Ich will alles, weißt du.«

Rechtzeitig? Was sollte das denn heißen? »Darf man in deiner Welt mit Mitte vierzig nicht mehr heiraten?«, fragte ich Lulu stirnrunzelnd.

Aber sie lachte nur, so als hätte ich einen Witz gerissen.

Ja, Lulu hat einen festen Plan für ihr Leben im Kopf und macht sich nun ungeheuren Druck, alles umzusetzen, was sie sich wünscht. Das geht vielen Leuten in unserem Alter so. »Ich erschrecke manchmal darüber, mit welch unerbittlicher Strenge junge Patientinnen auf sich und ihr junges Leben blicken«, schreibt die Psychotherapeutin Petra Holler. »Manche Lebensentwürfe sind wie auf dem Reißbrett entworfen. Listen werden abgearbeitet: Das habe ich, das fehlt noch.« Für all diese Dinge gebe es den vermeintlich richtigen Zeitpunkt. Und notfalls ließe man eben seine Ei- und Samenzellen einfrieren. Dieser Kontrollwahn sei vor allem bei Frauen um die dreißig zu beobachten. »Sie glauben, wenn sie nicht bekommen, was sie wollen, hätten sie persönlich versagt.«[5] Manchmal sei es zweitrangig, ob ein Job erfüllend oder ein Partner der richtige sei, solange beides dabei helfe, den eigenen Plan rechtzeitig umzusetzen.

Diese Beobachtung hat auch der Paartherapeut Clemens von Saldern gemacht – und warnt davor: »Viele sind bei der Auswahl ihres Partners nicht sorgfältig genug. Nicht jeder, der sich gut anfühlt und nett zu mir ist, passt auch zu mir. Viele Paare lernen sich kennen, hüpfen miteinander ins Bett, bekommen Kinder, entwickeln Routinen – und merken zu spät, dass die Wahl eigentlich ein Griff daneben gewesen ist. Den richtigen Partner zu finden ist nicht nur Glückssache, sondern auch harte Arbeit. Nicht umsonst gab es früher eine einjährige Verlobungszeit, um jemanden erst mal auf Herz und Nieren zu prüfen.«[6]

Durchaus sinnvoll, denn je älter sie werden, desto mehr Ballast tragen die Menschen mit sich herum. Geschieden, frisch aus der Psychoklinik entlassen, eine durchgeknallte Ex-Frau an der Backe, pubertierende Kinder aus erster Ehe ... Manchmal erscheint einem da die Vorstellung fast schon reizvoll, als enthaltsame Einsiedlerin auf einer Hallig zu leben. In Ruhe und Frieden! Ohne die ganze Aufregung und den Druck, der einen ständig dazu antreibt, doch noch mal alles auf eine Karte zu setzen und sich fallen zu lassen – in das Haifischbecken namens Liebe. Aber Fakt ist nun mal auch, dass es das Schönste und Aufregendste überhaupt ist, eine richtig gute Beziehung zu führen.

Vor zwei Jahren hatte Lulu schon einmal gedacht, sie hätte den Mann fürs Leben gefunden. Die beiden hatten sich über eine Datingplattform kennengelernt. Er lebte in Rom, sie in Berlin. Das Ganze wurde sehr schnell sehr intensiv: Den lieben langen Tag über schickten sie sich sehnsuchtsvolle Nachrichten, schon beim Frühstück wurde FaceTime angeschmissen, abends telefoniert, bis die zwei eingeschlafen waren. Die beiden spielten Beziehung, malten sich täglich eine gemeinsame Zukunft aus. Über ein halbes Jahr lang ging das so.

Wie echt können Gefühle für jemanden sein, den man noch nie gerochen, geschmeckt, gespürt hat? Sich in den Charakter eines Menschen zu verlieben, das klingt erst mal romantisch. Aber reicht das auf lange Sicht? Lulus gesamter Freundeskreis, mich eingeschlossen, war skeptisch. Immer wenn die beiden einen Termin für ein Treffen festgelegt hatten, kam in letzter Sekunde etwas dazwischen. Mit der Zeit wurde es immer skurriler. Lulu erfand Ausreden, weshalb sie nicht nach Rom fliegen konnte, obwohl ER ihr ein Ticket schenken wollte. »Ich habe Angst, enttäuscht zu werden«, gestand sie mir damals. »Was, wenn er schlecht küsst? Oder einen perversen Fetisch hat?« Beim nächsten Mal war er es, der einen Rückzieher machte.

»Du steigerst dich da in etwas rein«, warnte ich Lulu. »Du kennst diesen Mann doch gar nicht.«

Lulu gab zu, dass sie das auch befürchtete. Gleichzeitig würde sie eine tiefe Verbindung zu ihm fühlen. »Er will mit mir im Frühjahr nach Neapel fahren. Seine Familie hat dort ein Haus. Dort können wir später unsere Kinder großziehen – hat er gesagt«, erzählte sie mir mit rosigen Wangen.

Ich war platt. Offenbar hatten die beiden ihre gemeinsame Zukunft bereits bis ins kleinste Detail geplant. Mutig! Dann, endlich, wollte sie zu ihm nach Rom fliegen – kurz vor Weihnachten. Dafür ließ Lulu sogar Heiligabend mit ihren Eltern sausen. »Sag ihm, er soll seinen Perso abfotografieren und mir schicken«, befahl ich Lulu vor ihrer Abreise. »Nur für den Fall, dass er sich als irrer Psychopath entpuppt.«

Am 22. Dezember war es so weit. Lulu landete in Rom und hielt ihren gesamten Freundeskreis per WhatsApp auf dem Laufenden: »Er ist zehn Zentimeter kleiner, als er gesagt hat«, schrieb sie gleich nach der Landung. »Egal. Geküsst haben wir uns noch nicht. Gehen jetzt erst mal ein Bier trinken ...«

Ihr endgültiges Fazit teilte Lulu mir erst mit, als sie wieder in Berlin war. Sie musste das dreitägige Treffen erst mal sacken lassen. »Ich bin froh, dass ich wieder zu Hause bin«, erzählte sie kleinlaut, als wir zusammen Silvester feierten. »Es war ganz lustig mit ihm. Aber, fuck, er hatte so wahnsinnig lange Fußnägel! Tiefgründige Gespräche konnte ich mit ihm auch nicht führen. Außerdem machte er so komische Geräusche beim Sex. Ich glaub, ich brech den Kontakt ab. Die ganze Sache ist Zeitverschwendung. Rom ist ja auch nicht gerade um die Ecke ...«

Am Ende war genau das eingetreten, was alle erwartet hatten. Lulus Luftschloss war in sich zusammengefallen. ER sah das allerdings anders! Noch lange erhielt Lulu verzweifelte Sprachnachrichten von ihrem Italiener. Aber sie ließ ihn am ausgestreckten Arm verhungern. »Ich war einsam, sehnte mich nach Nähe«, sagt sie heute. »Deshalb habe ich damals all meine Sehnsüchte auf diesen Onlineflirt projiziert, ihn als Mann idealisiert und mich total hineingesteigert. Weil er alles war, was ich hatte.«

Ach Lulu, was soll's, so etwas kann schon mal passieren in den nervösen, psychotischen Dreißigern. Jetzt wünsche ich dir erst mal alles Gute für deine Ehe.

HAPPY END? MIR REICHT SCHON EINE HAPPY HOUR ...

Fehler sind geil. Ich habe schon so viel aus ihnen gelernt, dass ich definitiv plane, weiterhin welche zu machen. Die wichtigsten Lektionen, die ich in meinen Dreißigern lernen musste, möchte ich euch selbstverständlich nicht vorenthalten:

- Vernachlässige niemals deine Freunde wegen einer neuen Liebe. Sie werden es sein, die dir zärtlich über den Kopf streichen und dich mit Weißwein aufpäppeln, wenn das Ganze mal wieder nicht GANZ so gelaufen ist, wie du es dir vorgestellt hast.
- Atme tief durch und übe dich in Geduld, wenn sich eine deiner besten Freundinnen verknallt. Mag sein, dass du für die nächsten drei Monate abgeschrieben bist, aber sei dir sicher: Sobald der Lurch das erste Mal Stress macht, wird sie wieder wissen, auf wen IMMER Verlass ist. Bis dahin bleib schön ruhig. Zick bloß nicht rum. Sie wird zu dir zurückkommen!
- Mache einen großen Bogen um Männer, die mit Mitte dreißig (oder noch älter!) noch nie eine richtige Beziehung hatten (oder in einen fiesen Sorgerechtsstreit mit ihrer Ex verstrickt sind beziehungsweise schon beim ersten Date von ihrer Ex reden). Es wird Gründe haben, warum sie es bisher jedes Mal verkackt haben. Mach dir keine Illusionen, RENN!
- Es gibt immer einen Grund, weshalb jemand – egal in welchem Alter – gerade Single ist. Der geht dich aber nichts an. Also nerv ihn nicht ständig mit deiner Fragerei. Niemand ist liebenswerter, klüger oder besser, nur weil er in einer funktionierenden Beziehung lebt.

- Lerne, deine FOMO – *fear of missing out* – zu bändigen. Du musst nicht ständig auf allen Hochzeiten tanzen. Veranstalte lieber selbst Partys, wenn DIR danach ist, und sorge dafür, dass sie legendär werden. Die Basis dazu sind Leute, die gewillt sind, sich selbst zu vergessen. Wichtigste Gastgeberregel: Schnäpse zur Begrüßung und zu jeder vollen Stunde (damit auch der letzte Daddy locker wird), eine perfekt ausgearbeitete »Abriss«-Playlist, die niemand anfassen darf und deren Motto lauten MUSS: »Jedem Tierchen sein Pläsierchen.« Sprich: Wenn Ältere anwesend sind, die auf Roland Kaiser abgehen, musst du ihnen den Shit für mindestens 20 Minuten am Stück servieren. Dazu sorge unbedingt für ein gutes Soundsystem. Wenn ich noch mal eine Party miterleben muss, bei der die Mucke aus Laptopboxen inklusive YouTube-Werbung dröhnt, raste ich aus!
- Das Alter sagt nichts über die emotionale Intelligenz einer Person aus. Versuche, deinen Freundeskreis so bunt wie möglich zu gestalten, es wird dich garantiert weiterbringen, wenn du nicht bis zum Lebensende immer nur mit denselben drei Pappnasen abhängst.
- Nimm dich selbst nicht so ernst. Hab den Mut, Regeln zu brechen. Verschwende deine sexy wilden Dreißiger nicht mit Angst und Selbstzweifeln. Es ist völlig egal, was die anderen von dir denken. Tob dich aus. Sprenge Grenzen. JETZT ist immer die beste Zeit für eine neue Erfahrung (bloß bei Crystal Meth würde ich lieber zweimal überlegen).
- Deine Familie und dein Freundeskreis lieben dich und deine Macken abgöttisch? Dann gibt es keinen Grund, an dir selbst zu zweifeln, wenn dich mal ein flüchtiger Flirt ghostet. Nimm's sportlich. Du bist trotzdem toll.
- Sei nicht geizig oder zurückhaltend, wenn es darum geht, in deine Persönlichkeitsentwicklung, deine Bildung sowie deine psychische Gesundheit zu investieren. Füttere dein Hirn ebenso wie dein Herz und deine Seele.

- Wenn jemand deine WhatsApp-Nachricht nicht innerhalb von 72 Stunden beantwortet, hat er eine andere. (Huch, Tippfehler, denkt euch die 2 weg.)
- Die Liebe kommt immer an erster Stelle – natürlich neben deinen Freunden, die dir auch noch in den miesesten Momenten dein Händchen halten. Aber ein schöner, erfüllender Job ist auch wichtig und sollte niemals grob vernachlässigt werden. Denn wie sagte Lady Gaga einmal so schön? »Deine Karriere wacht nicht eines Tages neben dir auf und sagt dir, dass sie dich nicht mehr liebt.«[7]

Eben am Nebentisch auf Sylt, eine Gruppe Rentnerinnen hat gerade das Frühstück beendet. Eine fragt: »Trinken wir jetzt ein Sektchen?« Darauf eine ihrer Freundinnen: »Kommt auf unsere Werte an.« Sie holt das Blutdruckmessgerät raus. Die ganze Clique misst. Bei jedem guten Wert brechen sie in kollektiven Jubel aus. Anschließend wird endlich geordert. – Das ist die Zukunft, und sie sieht vermutlich um einiges besser aus, als du sie dir bisher vorgestellt hast. Merke: Du musst nicht alles in den Jahren zwischen 25 und 45 regeln. Die Fünfziger sind auch noch da! Und die Sechziger. Und die Siebziger ... Bis dahin:

- Reise nach Möglichkeit nur mit Handgepäck (darin Unterwäsche, Kontaktlinsen, Bikini). Das Risiko, am Arsch der Welt ohne Koffer dazustehen, ist verdammt groß. Und du hast keine Zeit zu verlieren.
- Hilft am besten gegen Kater: Pho Bo und Brause.
- Egal, was du tust, wie du aussiehst und wie gut deine Absichten sein mögen: Sobald du in der Öffentlichkeit stehst, wird es Leute geben, die dich, deine Arbeit, dein Aussehen kritisieren. Das hat nichts mit dir zu tun. Hater sind arme Würstchen, die sich von ihrer eigenen traurigen Realität, in der hauptsächlich Selbsthass, Frust und psychische Probleme zu Hause sind, ablenken wollen.

- Wir leben in Deutschland. Wir sind privilegiert. Wenn du einen verrückten, genialen Traum hast, gibt es keine Ausrede dafür, es nicht wenigstens zu probieren. Frag dich vorher: Was könnte schlimmstenfalls passieren? Die Antworten sind häufig so absurd, dass du deine Ängste getrost links liegen lassen kannst.
- Frage nur die Menschen nach ihrer Meinung, deren Kritik dir etwas bedeutet.
- Eine Suppe aus der Mikrowelle und sechs Stunden Binge-Watching sind großartig, wenn es das ist, wonach dein Körper und deine Seele verlangen.
- Es macht dich nicht zu einem wertvolleren Menschen, wenn du ständig gestresst oder busy bist. »Man kann auch ohne allzu viel Arbeit produktiv sein«, wusste schon Jean-Paul Sartre.[8] Halleluja.
- Lass dich nicht durch schlechte Vorbilder irritieren. Es liegt in deiner Macht, Stereotype aufzubrechen und althergebrachte Rollenbilder neu zu definieren.
- Schließ dich mit starken, intelligenten Frauen zusammen, tausch dich aus, profitiere von ihrem Wissen und erlebe, wie erfüllend es sein kann, anderen zu helfen.
- Verreise, sooft es dir möglich ist, und haushalte unterwegs schlau mit deinem Geld: Beweg dich wie ein Einheimischer fort, fahr mit den öffentlichen Verkehrsmitteln, schlaf in Mittelklassehotels und speise abends im besten Restaurant der Stadt.
- Nichts verleiht dir mehr Freiheit als ein kleines Vermögen auf dem Konto, das es dir theoretisch ermöglicht, von heute auf morgen den Kontinent zu verlassen.
- Auf Reisen lernst du einen Menschen wirklich kennen.
- Es geht nichts über eine gute Matratze und ein solides Bett. Spotify Premium ist genauso wichtig wie ein gutes Soundsystem und ein schneller Laptop. Handtaschen für 1500 Euro halte ich hingegen für gänzlich überflüssig.

- *Steck deine Energie und Kreativität niemals in nur ein Projekt oder Unternehmen. Hab stets einen Plan B in der Hinterhand, der es dir erlaubt, stolz und frei zu agieren.*
- *Genieß deine Romanzen, ganz egal, wie lange sie halten.*
- *Du scheiterst nicht, wenn du eine Sache abbrichst, sondern rettest dich selbst, indem du dich aus etwas befreist, was dir nicht guttut.*
- *Wenn du dich mit dir selbst langweilst, bist du wahrscheinlich einfach ein sehr langweiliger Mensch.*
- *Verwechsle Alleinsein nicht mit Einsamkeit. Wenn du Lust auf ein Drei-Gänge-Menü hast, dann gönn es dir. Und zelebriere jeden Bissen, statt nonstop auf dein Handy zu starren.*
- *Sobald du zu verbissen einem vermeintlichen Happy End hinterherrennst, wirst du viele gute Happy Hours verpassen.*

SELBSTOPTIMIERUNG? NEIN DANKE!

Mein Kumpel Bernie ist ein echtes Unikat. Stattliche 1,63 Meter groß, mit spindeldürren Beinchen und einer beeindruckenden Bierwampe. Was er nicht an Haaren auf dem Kopf hat, wuchert auf Rücken und Schultern. Kurzum: Bernie ist alles andere als der klassische Frauentyp. Irgendwann fing er an, ausgefallene Brillen und so völlig schräges Zeug aus dem Secondhandstore zu tragen. Alte Jägerhüte, knallenge Hemden aus den 1970ern, freche kleine Lackschühchen mit Absatz. Seinen Style, der für mein Empfinden manchmal hart an der Grenze des guten Geschmacks kratzt, nennt er einen »Menschenfilter«. Mit Leuten, die ihn peinlich fänden, könnte er höchstwahrscheinlich eh nichts anfangen, so seine Theorie.

Als wir das letzte Mal zusammen feiern waren, trug er eine Kunstfelljacke mit Leopardenmuster, silberfarbene Leggins und ein durchsichtiges Netzshirt. Nach 30 Minuten umschwärmte ihn der halbe Club. Frauen wie Männer. Alle wollten einen kurzen Schwatz mit dem sympathischen Exoten halten, der immer eine Tüte Konfetti und Seifenblasen in seiner Bauchtasche dabeihat. Wie macht Bernie das? »Ich habe mit 14 gemerkt, dass ich weder der Klügste noch der Schönste bin, aber eine Menge mit Humor und Charme kompensieren kann«, gestand er mir. Tatsächlich wird in Bernies Nähe immer reichlich gelacht, und es vergeht kein Abend, an dem er keine neuen (Disco-)Freunde findet.

Manchmal geht Bernie ins Fitnessstudio. Er hat sich dort ein paar Übungen an Geräten zeigen lassen – unter der Bedingung: »Ich will auf keinen Fall trainiert aussehen.« Es wäre unfair den anderen Männern gegenüber, sagt er, wenn er jetzt auch noch richtig geil aussehen würde. In der Liebe fährt Bernie ein einfaches Prinzip: »Docht zu Docht und Qualle zu Qualle.« Sprich: Bernie macht sich gar nicht erst den Stress, sich eine Frau mit Kleidergröße 34 zu angeln, sondern genießt sein Leben zusammen mit einer Frau, die genauso gerne Chips und Bier mag wie er. Gerne zitieren die beiden Meryl Streep: »Es gibt keine bessere geisttötende, idiotische, selbstzerstörerische Ablenkung vom Spaß des Lebens, als seine Gedanken an Diäten zu verschwenden.« Die beiden haben das Leben verstanden.

SHOPPINGPARADIES KOPENHAGEN: EINMAL BABY »TO GO« BITTE!

Immer mehr Menschen quälen sich gar nicht mehr mit der Illusion von der ewigen Liebe. Die Aussicht auf ein paar schöne gemeinsame Jahre genügt ihnen völlig. Mein Kumpel Sebastian hat mir das neulich auf einer Party etwas genauer erläutert. Unlängst habe er festgestellt, dass Monogamie nichts für ihn sei: Obwohl es mit seiner Freundin gut laufen würde, sehne er sich nach sexuellen Eskapaden mit anderen Leuten. Seine Lust auf Neues sei mittlerweile größer als die Angst vor einer möglichen Trennung. »Was stimmt nicht mit mir?«, fragte er mich, als wir bei einem Kippchen auf dem Balkon zusammenstanden. »Ich liebe meine Freundin doch.«

Ich beruhigte ihn erst einmal. Fast jeder Erwachsene in einer Langzeitbeziehung käme irgendwann an diesen Punkt. Vor allem, wenn er sich in erotischer Hinsicht noch nicht richtig ausgetobt habe oder es innerhalb der bestehenden Partnerschaft an Kreativität oder Mut im Bett mangele. Die Frage sei nun, ob seine Freundin möglicherweise für eine offene Beziehung zu haben sei oder wenigstens für gemeinsame Besuche einer dieser hippen Berliner Sex- und Fetischpartys.

In dem Moment trat Paul hinzu, der hauptberuflich Fetischklamotten auf St. Pauli verkauft. »Sagt mal, wie oldschool seid ihr denn drauf?«, mischte er sich ein. Die meisten jüngeren Leute, so meinte er, würden gar nicht mehr darüber nachdenken, ob etwas für immer sei. »Den Stress tut sich doch keiner mehr freiwillig an. Wozu auch?« Der Trend gehe seiner Meinung nach eindeutig dahin, sich die Freiheit zu nehmen, alles auf sich zukommen zu lassen. Ob eine Beziehung ein Jahr oder drei oder zehn Jahre halten würde – das sei total egal. Ein praktischer Nebeneffekt sei, dass man dann auch viel leichter treu sein könne. »Sobald ich spüre, dass mich andere interessieren, beende ich die Sache lieber gleich.« Innerhalb eines bestimmten Zeitraums sei Monogamie für ihn damit logischerweise kein Problem. »Natürlich ist es ein großes Glück, wenn man jemanden findet, mit dem man weite Strecken seines Lebens zusammen gehen möchte. Aber seit meiner Scheidung stresse ich mich nicht mehr mit Gedanken an eine gemeinsame Zukunft. Meine neue Freundin gefällt mir JETZT. Sie will Kinder, ich nicht. Na und? Zum Glück ist sie zehn Jahre jünger. Dann trennen wir uns eben rechtzeitig wieder.«

Ich überlegte, ob Paul verlernt hatte, sich fallen zu lassen oder Menschen zu vertrauen. Vielleicht brachte er aber auch einfach nur auf den Punkt, was sich sonst keiner traute, laut auszusprechen. Immerhin dauern die Beziehungen der Menschen statistisch gesehen immer kürzer. Liegt es daran, dass wir in einer Zeit leben, in der alles auf Selbstoptimierung ausgelegt ist und Leistungsdruck an allen Fronten herrscht – auch im Schlafzimmer?

»Viele trauen sich gar nicht mehr, eine stinknormale 08/15-Liebe zu leben«, gab Paul noch zu bedenken. »Dabei gibt es nichts Besseres! Einfach schön mittelmäßig vor sich hin dümpeln, sein ruhiges Dasein genießen und sich bloß nicht mit irgendwelchen anderen Paaren vergleichen. Und wenn es vorbei ist: Dankbar sein für das, was war. Nach vorne schauen. Weitermachen.« Halleluja.

Für Frauen ist es mittlerweile kein Problem mehr, sich ohne festen Partner den Traum vom eigenen Kind zu erfüllen: ab nach Dänemark, Samenspende kaufen und – zack! – fertig ist das Wunschkind. Aus feministischer Sicht sicherlich ein Fortschritt. Aber irgendwie macht mir die Sache mit so einem Kind »to go« auch ein bisschen Angst. Eine Bekannte von mir, Anfang dreißig, erfolgreiche Architektin und finanziell unabhängig, träumte schon lange von einem Kind. Doch sie hatte keine Lust, einen Mann in diese Entscheidung miteinzubeziehen. »Ich will nicht, dass mir jemand in die Erziehung reinquatscht«, erklärte sie. Das würde alles nur verkomplizieren. Sie wolle lediglich ein Kind, keine anstrengende Beziehung. Also recherchierte sie im Internet und fand heraus, dass frau sich in Dänemark für etwa 8000 Euro relativ unkompliziert und schnell in speziellen Kliniken befruchten lassen kann.

Ihren Samenspender suchte sie sich später in einer Onlinedatenbank aus. Dabei ging sie nach der Optik. »Fast wie bei Tinder«, scherzte sie. Schwanger wurde sie gleich beim ersten Versuch. Ihr Baby kam im letzten Winter zur Welt und ist putzmunter. Einen One-Night-Stand oder eine aktuelle Liebschaft für ihr Vorhaben zu »benutzen«, das war für meine Freundin keine Option, weil sie für ihren Job ständig zwischen London und Berlin pendelt. Ihr Kind will sie immer bei sich haben. »Das hätte einem liebenden Vater, der nicht mein Partner ist und einen festen Wohnort hat, nur wehgetan. Für solche Dramen habe ich keine Nerven. Und erst recht nicht für einen Sorgerechtsstreit.« Fest binden möchte sie sich im Moment nicht. An männlichem Einfluss wird es dem Baby meiner Freundin im Übrigen nicht mangeln. »Ich plane, einen älteren Herrn als Nanny einzustellen«, erzählte sie mir kürzlich. Zudem möchte sie zwei ihrer Freunde – ein entzückendes schwules Pärchen aus Paris – zu Patenonkeln machen.

Klar, man kann darüber streiten, wie cool es ist, ein Kind in die Welt zu setzen, ohne dass dort ein Vater auf es wartet. Natürlich sind Kinder mit zwei Elternteilen nicht automatisch glücklicher. Sowieso gibt es immer weniger stabile Ehen, Beziehungen werden kürzer, viele Kinder sehen neue Partnerinnen und Partner der Elternteile kommen und gehen. Bleibt noch die Frage, ob meine Freundin ihrem Kind irgendwann die Wahrheit über seine Entstehung erzählen wird. In Dänemark gibt es zu diesen Themen jedenfalls bereits unzählige Kinderbücher mit Titeln wie *Wo ist Karlas Papa?*.

Natürlich hat jede Frau das Recht, mit ihrem Körper das zu tun, was sie für richtig hält. Es ist sicherlich eine große Erleichterung für viele, von dem Druck befreit zu sein, bis zu einem bestimmten Alter den richtigen Partner gefunden haben zu müssen, und sich stattdessen ganz in Ruhe, allein und komplett selbstbestimmt den Kinderwunsch zu erfüllen. Interessant für alle Beteiligten: Seit Juli 2017 gilt das neue *Gesetz zur Regelung des Rechts auf Kenntnis der Abstammung bei heterologer Verwendung von Samen* – so der vollständige sperrige Name. Es ermöglicht Menschen, die aus Samenspenden hervorgingen, beim zentralen Samenspenderregister Auskunft über ihren »Erzeuger« einzuholen. Die Daten von Samenspendern und Empfängerinnen in Zusammenhang mit einer ärztlich unterstützten künstlichen Befruchtung werden dort für 110 Jahre gespeichert.

DAS SCHLIMMSTE SIND DIE TRINKPAUSEN!

Jana hat uns anlässlich ihres Junggesellinnenabschieds nach Barcelona abkommandiert! Drei Tage, ein Apartment, null Trinkpausen. So lautete der Plan. Wer jetzt die Augen verdreht, dem kann ich direkt mal den Wind aus den Segeln nehmen, denn eine neue wissenschaftliche Studie besagt: »Intelligent people drink more alcohol than stupid people.« Um es gleich vorwegzunehmen: Ja, wir haben uns danebenbenommen. Ja, wir sind jetzt alle tätowiert. Und ja: Es war eins der besten Wochenenden unseres Lebens.

Gleich am Flughafen tankten wir die erste Runde Prosecco. Eine Kellnerin, so um die sechzig, musterte unsere Braut sehr lange von oben bis unten, dann grummelte sie: »Na ja. Versuchen kann man's ja. Ich habe vier Ehemänner überlebt. Keiner von denen hat es geschafft, mich zu befriedigen.« Motivierend!

30 Prozent unserer Truppe mussten sich übergeben. Allerdings nicht wegen übermäßigen Alkoholkonsums – sondern bloß wegen des starken Wellengangs, der uns auf der eigens gemieteten Segelyacht zusetzte.

Bargeld? Überflüssig. Egal, welche Bar wir betraten – Verehrer und Charmeure ließen nicht lange auf sich warten und spendierten uns alles, was wir wollten (und nicht wollten).

Zum Abendbrot gönnten wir uns einen Burger namens »Schmeckt wie die Muschi deiner Mutter« in Barcelonas angesagtester Rockkneipe. Als Absacker gab's die Spezialität des Hauses: Panthermilch, ein weißer, dickflüssiger Schnaps – spendiert von einem Mann, der unter seinem rechten Ohr den Schriftzug »Death« eintätowiert hatte. Angeblich eine Widmung an seine Ex-Frau. Merke: Nicht jede Ehe verläuft glimpflich ...

Und wir? Haben jede Menge erlebt und mehr oder weniger gut überstanden.

Zum Beispiel hatten wir einen JGA im JGA, denn: Eine von uns verlobte sich spontan mit einem Franzosen namens Nazih (kein Scherz, der arme Mann hieß wirklich so) aus dem Apartment nebenan. Zwar hielt ihre Liebe nur für einen, äh, Nachmittag. Aber dafür war sie intensiver, als so manche Ehe es jemals sein wird.

Ebenfalls sehr besonders: Wir haben uns nicht nur tätowieren, sondern uns sogar alle das gleiche Tattoo stechen lassen. Und finden es heute (nüchtern) immer noch gut.

Wir haben Barcelona im Regen erlebt – und es war uns egal.

Die Muddis unter uns haben das ganze Wochenende kein einziges Wort über Windeln und Co. verloren. Respekt!

Das Schlimmste ist, wenn das Bier alle ist – so lautet der Titel des mit Abstand romantischsten Songs, der jemals geschrieben wurde. Punkt.

Die Feierwütigste unter uns wollte nachts um 4.00 Uhr unbedingt noch einen Tequila in der Eckkneipe namens *Frankfurt* schlürfen – aber blöderweise hörte später niemand mehr die Klingel. Egal! Sie übernachtete einfach bei der spanischen Familie nebenan. Behauptete sie zumindest ...

Zum Frühstück an Tag zwei gab es hart gekochte Eier, Sekt – und Eduardo. Für 170 Euro zeigte er unserer Braut ALLES. Seine Solariumbräune hatte dieselbe Nuance wie das Nutella, das ihm unsere Braut vom Hintern lecken durfte. »Endlich mal wieder 'n richtiger Penis«, rutschte es gar einer von uns heraus. Und eine andere rief der Braut tolldreist zu: »Genieß es, das ist das letzte fremde Glied, das du in deinem Leben sehen wirst!« Darauf die Braut bloß trocken: »Das glaubst aber auch nur du.« Fazit: Selten 170 Euro so gut angelegt. Doch als Eduardo nach getaner Arbeit plötzlich anfing, über Gefühle zu reden, mussten wir ihn leider rauswerfen.

Als unsere Männer zu Hause von den Einzelheiten der Sause erfuhren, zeigten sie sich schockiert, und der Bräutigam fürchtete gar, unseren JGA mit seinen Jungs – allesamt knallharte Metalheads – nicht toppen zu können. Gibt's ein schöneres Kompliment?!

Nach dem »Wunder von Barca« fielen wir alle in ein tiefes Loch, denn es war kein weiterer JGA in Sicht. Eine überlegte schon, ihren Ex zu einer Zweckheirat zu nötigen – bloß damit wir wieder einen Grund hatten, zusammen wegzufahren. Bis uns eines Tages die Erkenntnis traf: Wir können uns auch ohne Hochzeit im Ausland danebenbenehmen. Indem wir einen JGA reloaded veranstalten! Die Geburtsstunde einer Jahrtausendidee. Sogleich machten sich die Mütter unter uns an die Verhandlungen mit ihren Männern. An welchem langen Wochenende würden sie ihnen für welche Gegenleistung freigeben? Auch musste den Herren erst mal erklärt werden, was frau auf einem JGA reloaded überhaupt feiert. Dabei versteht sich das nun wirklich von selbst: unsere Unabhängigkeit, Trinkfestigkeit, die Liebe an und für sich, denn immerhin hielt die Ehe unserer Braut nun schon ein Jahr! (Davon kann Miley Cyrus bloß träumen.) Und natürlich: unsere Freundschaft.

Erst kürzlich ergab eine Umfrage des Instituts Allensbach, dass 85 Prozent der Deutschen gute Freunde als das Wichtigste im Leben ansehen. Erst danach wurden Familie und Partnerschaft genannt.[9] »Das wesentliche Merkmal der Freundschaft ist Autonomie. […] Zwei Naturen also, die zueinandergehören nicht wegen äußerlicher Definitionen, Familie oder Sexualität, sondern aus ihrer Essenz heraus«, so beschrieb es der Journalist Alard von Kittlitz. Liebesbeziehungen seien aufgeladen »mit gesellschaftlichen Werten, Definitionen, Praktiken – Monogamie zum Beispiel. Die Sexualität spielt eine Rolle, oft sogar Politik: Ehe, eingetragene Partnerschaft, Gütergemeinschaft, Sorgerecht.« Freundschaft sei »eine seltsame Form unerzwungener Verbindlichkeit, vertragsloser Sicherheit«.[10] Kittlitz schreibt weiter, dass Aristoteles in der Nikomachischen Ethik drei Arten der Freundschaft beschreibe: die um des Vergnügens willen (Partyfreunde), die um des Nutzens willen (Kollegen) und die um der Freundschaft willen. Von diesen ließ er nur die letzte, nämlich die gänzlich zweckfreie Herzensfreundschaft, wirklich gelten.

Unser JGA reloaded war eine Mischung aus allen drei Formen. Selbstredend stand unser Vergnügen an oberster Stelle. Einen Nutzen wollten wir ebenfalls ziehen: Das Hotelzimmer war billiger, wenn wir teilten. Und als Freundinnen liebten wir uns seit Jahrzehnten ohnehin bedingungslos.

Im Spaßexpress nach Tschechien trafen wir unsere Zukunft: Rita, 52, war mit ihren »Mädels« in Dresden verabredet, wo sie abends in einem Studentenclub zu den Klängen einer »Schdoooons-Coffabäänd richtig geil abrocken« wollten, »wie früher als junge Dinger«. Mittlerweile seien die meisten von ihnen nämlich entweder geschieden oder verwitwet, »aber immer noch total wild auf Party«. Sozusagen der lebendige Beweis für die Candace-Bushnell-Theorie (siehe Seite 164): Wenn du die Dreißiger erst mal hinter dir hast, wird es so richtig witzig.

In Prags Altstadt wimmelte es vor gut gelaunten Frauengruppen jeden Alters. Die Jungs wirkten häufig etwas mitgenommen. Angesichts der niedrigen Bierpreise legten viele eine ähnliche Maßlosigkeit an den Tag wie fettleibige Briten am All-inclusive-Büfett eines Dreisternehotels in El Arenal. Infolgedessen traf man die Herren der Schöpfung meist grölend, lallend oder schlafend an. Kann halt nicht jeder drei Tage durchfeiern, ohne negativ aufzufallen. Wir schon, weil wir folgende Grundregeln beachteten:

- *Die Gruppe darf sich NIEMALS trennen.*
- *Die Kontaktaufnahme zu stark alkoholisierten männlichen Tourigruppen ist untersagt. Regionale »Kost« erhält den Vorzug.*
- *Etwaige Flirt- oder Sexpartner müssen von der absoluten Mehrheit der Gruppe bestätigt werden.*
- *Kultur? Nein danke. Es reicht, wenn ihr in Prag das Kafka-Museum, die Karlsburg und das Museum für Sexmaschinen von außen betrachtet. Konzentriert euch aufs Wesentliche: guten Mojito.*
- *Nüchtern nach 15.00 Uhr? Verboten! Und: Trinkt eine, trinken alle. Denn das Schlimmste sind (immer noch) die Trinkpausen.*
- *Seid offen für regionale Spezialitäten. Auch wenn es sich um Baumkuchen mit Smarties und Speck handelt oder um Schnaps namens Becherovka, der dich vergessen lässt, wie du heißt. Runter damit!*
- *Aktivitäten zu Wasser fördern den Zusammenhalt. Etwa wenn man mit dem Tretboot in Form eines Schwans abtreibt und von der oberkörperfreien Wasserschutzpolizei zu einer Geldstrafe verdonnert wird – wegen Alkohol am Steuer.*
- *Dresden, Bamberg und Co. sind auch schön? Mag sein, aber deutsche Städte als Ziel für einen JGA reloaded sind erst ab 60 erlaubt. Dann könnt ihr euch bei Kaffee und Kuchen an euren jugendlichen Eskapaden mit Pavel, Carlos und Julio ergötzen, während zu Hause Hermann, Manfred und Ralf auf euch warten.*
- *Eine Freundin möchte nächstes Jahr unbedingt mit euch verreisen? Bloß nicht voreilig zusagen! Wer eurem eingeschworenen Mikrokosmos beiwohnen möchte, muss ein Casting durchlaufen. Am besten trefft ihr euch auf ein Kennenlernweinchen und lasst den Abend überraschend eskalieren. Nun gilt es zu beobachten, wie die Testperson sich verhält. Punktet sie mit derben Sprüchen, irren Aktionen, Trinkfestigkeit und gibt auch gerne mal einen aus? Dann könnte es klappen. Bleibt die Frage, ob sie ein ganzes Wochenende lang mit euch durchhält …*

- *Alberne Gesetze dürfen gebrochen werden. (»Herr Oberwachtmeister, ich schwöre, ich wollte den Pinguin später wirklich wieder zurückgeben!«)*
- *Kalkuliert mit ein, dass ihr nach eurem Trip optisch um zehn Jahre gealtert sein werdet. Eure Seelen aber werden sich so jung und vital wie nie fühlen!*

Angesichts unserer jüngsten Sause fand ich es umso erstaunlicher, was die Freizeit-Monitor-2019-Studie belegte: Die Deutschen haben Genuss verlernt und auch immer weniger Sex. Stattdessen starren alle nonstop aufs Smartphone oder springen von einer Aktivität in die nächste, um nichts zu verpassen und Content für Instagram zu sammeln.[11] »Viele Frauen denken heute, sie müssten jeden Moment sinnvoll und produktiv nutzen, das Beste aus sich herausholen und auch gleich noch auf Instagram präsentieren«, sagt Coach Verena Krone, die Familien dabei hilft, ein gesünderes Leben zu führen.[12] Ihre Klientinnen sind zum Großteil Mütter, die unter dem Druck stehen, Kind und Karriere zu vereinbaren. Stillstand wird in unserer gesundheitsfixierten, auf Selbstoptimierung getrimmten Gesellschaft nicht mehr geduldet. Die perfekte Businessmama backt morgens vor der Arbeit noch schnell eine glutenfreie Peanutbutter-Schoko-Torte für den Schulbasar, bevor sie im Büro den begehrten Pitch gewinnt und abends in den Bauch-Beine-Po-Kurs oder zum Lippenaufspritzen rennt, um auch ja schön fuckable zu bleiben.

Und was machen die Männer? Wenn man ehrlich ist: oft gar nicht so viel. Viele meiner männlichen Freunde sind vollkommen im Reinen mit sich, obwohl sie weder eine heiße Freundin noch eine Karriere vorzuweisen haben. Erfolg? Prestige? Anstrengende Liebschaften? Eventuelle Talente unbedingt noch vor dem 30. Lebensjahr in Kapital verwandeln? Och nö, muss nicht sein. Mehr als ein Feierabendbierchen mit den WG-Kollegen brauchen sie nicht, um zufrieden zu sein. Solange der Grasdealer pünktlich liefert, fallen natürlich auch potenzielle Enttäuschungen unter den Tisch. Und wie durch ein Wunder nagt ihr Lifestyle auch gar nicht so sehr an ihrer Selbstachtung, wie ich es oft bei Frauen im selben Alter beobachte. Dem ganzen Selbstoptimierungswahn zeigen sie auf diese Weise (erst mal) den Fuckfinger.

Gut möglich, dass der Stress bei den Jungs dann mit 40 losgeht. Durch ihre deutlich langsamer tickende biologische Uhr verteilt sich ihre Rushhour des Lebens ganz gemütlich auf mehrere Jahrzehnte. Bernie Ecclestone zum Beispiel ist mit 89 noch mal Vater geworden. Für den Ex-Formel-1-Boss ist es das vierte Kind, seine Frau wurde mit 41 zum ersten Mal Mutter. Ecclestone möchte noch mehr Kinder. Auch Richard Gere ist mit 70 erneut Vater geworden. Hugh Grant geht die Sache mit der Familienplanung ebenfalls entspannt an. Seit 2011 schwängerte er immer abwechselnd und teilweise sogar gleichzeitig verschiedene Frauen. Zuerst brachte Tinglan Hong, Angestellte in einem chinesischen Restaurant in London, seine Tochter zur Welt. 15 Monate später folgte Sohn Felix. Fast parallel gebar die schwedische TV-Produzentin Anna Eberstein den kleinen Hugh John Mungo. Liiert war Grant mit keiner der Frauen. »Ich bin etwas skeptisch, was eine langjährige, monogame Beziehung betrifft. Ich bin mir nicht sicher, ob das für uns menschliche Wesen natürlich ist. Ich nehme an, wir tun das eher aufgrund kultureller oder sozialer Erwartungen. Ich frage mich, ob das ein Rezept fürs Glücklichsein ist oder ob die Menschen glücklicher wären, wenn sie weniger reglementiert wären, was die Beziehungen zueinander betrifft.«[13]

Da müsste man wohl auch einmal die Kindesmütter fragen ...

RETTET JENNIFER ANISTON!

Mein Leben verlief bisher ganz normal. Könnte man meinen. Ich ging zur Schule, machte ein Volontariat, arbeitete für verschiedene Verlage, ich reiste, ging viel aus, hatte lange Beziehungen, kurze Affären. Manchmal war der Mann heftig verliebt, aber ich nicht, manchmal war es genau umgekehrt. Liebeskummer, Selbstzweifel, Trauer, Freude, Glück kamen und gingen. In der Zwischenzeit heiratete meine jüngere Schwester und bekam eine kleine Tochter. Ich bin jetzt Tante! Ein Life-Changing-Moment, der dazu geführt hat, dass ich mich häufiger frage, ob ich das auch gerne möchte. Und falls ja: WIE gerne.

Eine schwierige Frage für mich, für uns Frauen und unsere Gesellschaft, in der viele immer mehr wollen. Von allem. In der Liebe sowieso: Das ultimative Happy End soll es sein. Mit dem perfekten Gegenstück, das alle Freundinnen neidisch und die Eltern stolz machen soll. Das führt meist dazu, dass wir uns in der ersten Hälfte unseres Lebens den Arsch aufreißen, um die Anerkennung anderer zu erringen, weil wir alle noch keinen eigenen Maßstab dafür haben, was uns WIRKLICH guttut. Also hecheln wir fremden Idealen hinterher und hängen die Forderungen, die wir an uns selbst stellen, oft viel zu hoch. Bis wir irgendwann, nach der ersten oder zweiten schweren Krise oder gar einem Burn-out, feststellen, dass wir die Regeln und Werte für ein gelungenes Leben selbst bestimmen können. Nicht jeder kommt an diesen Punkt, weil der Weg dorthin steinig ist und das, was unterwegs passiert, oft ganz schön wehtut.

Vor allem in der Rushhour des Lebens fühlen sich viele Frauen getrieben und stehen unter dem Druck, ständig aus allem das absolut Beste herausholen zu müssen. Beruflich, optisch, privat, intellektuell. Sogar Urlaubsreisen werden unter sozialem Zwang gebucht à la: »Was? Die waren auf Barbados? Dann fliegen wir dieses Jahr nach Hawaii!« Und statt sich vor Ort zu entspannen, wird die ganze Zeit völlig angestrengt nach dem perfekten Urlaubsfoto für die sozialen Medien gesucht. Völlig erschöpft redet dann das vermeintliche #*dreamcouple* erst mal tagelang kein Wort mehr miteinander, während parallel die Follower vor Neid erblassen. Wie heißt es so schön: »Liebe vor Leuten hat nichts zu bedeuten.« Nur wer das geschnallt hat, kann endlich entspannen.

Zum Teil trägt sicherlich die Boulevardpresse Mitschuld an unserer völlig verzerrten Vorstellung davon, wie das perfekte Leben auszusehen hat. Auch 2021 feiert sie immer noch gerne den Neokonservativismus ab, um Auflage zu machen. Sexismus und althergebrachte Ideale dominieren die Klatschpresse. Ein Beispiel: Jennifer Aniston, eine der beliebtesten und erfolgreichsten Schauspielerinnen Hollywoods. In einem Interview mit dem Magazin *Elle* erklärte sie vor einiger Zeit, dass sie so viele Hauptrollen spielen könne, wie sie wolle – die Rolle, die seit ihrer Scheidung von Brad Pitt, der sie für Angelina Jolie verließ, am meisten an ihr hafte, sei die des »leidenden Schnuckelchens«.[14] Das stimmt. Seit 15 Jahren verdienen sich Zeitschriften wie *InTouch, Closer oder OK!* dumm und dusselig daran, erfundene Märchen über Jens vermeintlich gebrochenes Herz, Liebesflops, ihre angebliche Sehnsucht nach einem Baby und unzählige erfundene Schwangerschaften zu berichten.

Ich weiß, wovon ich rede. Ich habe selbst jahrelang für verschiedene People-Magazine gearbeitet. De facto verkauft sich kaum eine Frau besser auf dem Cover als Jennifer Aniston – aber eben nur mit großem Drama im Gepäck. Promis sind erst dann richtig interessant für die Leserinnen und Leser, wenn sie trotz ihres Erfolgs, ihrer Schönheit, ihrer Millionen leiden, scheitern, verzweifeln. Das ist ärgerlich, dumm und erschreckend frauenfeindlich. »Wir leben in einer Gesellschaft, in der Frauen ab einem bestimmten Alter verheiratet sein und Kinder haben sollen«, ärgerte sich Jennifer Aniston in der *Elle*. »Aber das ist ein Märchen. Frauen in diese Schublade stecken zu wollen ist einfach nicht mehr zeitgemäß.« Und damit nicht genug: »Wieso wollen eigentlich alle ein Happy End, das einem Ideal aus den Fünfzigern entspricht? Was ist mit einer glücklichen Existenz? Wir entwickeln uns alle ständig weiter.«[15] Allein für diese Aussage verdient Frau Aniston meiner Meinung nach zehnminütige Standing Ovations. Ist doch so: Männer dürfen sich ständig in neue Abenteuer stürzen, sich voll und ganz austoben. Dann gelten sie als »Lebemann«. Wenn Frauen dasselbe tun, werden sie verurteilt. »Das fällt für mich unter Sexismus«, brachte es Aniston gegenüber *Elle* schließlich auf den Punkt. »Wenn sich ein Paar in Hollywood trennt, ist es die Frau, die verhöhnt wird … Sie gilt als Versagerin.« Besonders ärgerlich ist es, dass viele dieser Vorurteile aus weiblichen Reihen kommen. »Viele dieser Frauen haben noch nicht verstanden, dass sie die Macht besitzen, sich selbst glücklich zu machen«, so Aniston.[16] Eine Hochzeit und Nachwuchs als ultimative Gradmesser für das Glück einer Frau seien aus ihrer Sicht nicht mehr zeitgemäß, weil es Karrierefrauen abwerte, die in ihrem Job aufgehen.

Es stimmt. Ab einem gewissen Alter interessieren sich einige Leute mehr für deinen Beziehungsstatus, reduzieren dich damit auf deinen Fortpflanzungszweck. Willst du mal Kinder und wenn ja, wie vereinst du das mit deinem Job? Kaum bist du in einer Partnerschaft, wird augenzwinkernd nach der Familienplanung gefragt. Männer müssen sich mit solchen Fragen deutlich seltener auseinandersetzen. Leider kann sich nicht jede – und auch nicht jeder – aussuchen, ob sie oder er eine Familie gründet. Was, wenn du es schon seit Ewigkeiten probierst oder gerade ein Baby verloren hast? Was, wenn du einfach nie den Wunsch verspürst, Mutter zu werden, und dich lieber deiner Karriere widmen möchtest? Das alles geht nur dich und deinen Partner etwas an, es ist kein Thema für Smalltalk.

Obwohl sich Jennifer Aniston zweimal scheiden ließ, bewertet sie ihre Ehen als erfolgreich. »Sie wurden immer dann beendet, wenn es darum ging, auch weiterhin glücklich sein zu können«, erzählt sie im *Elle*-Interview. »Manchmal geht das Glück innerhalb einer Verbindung verloren. Sicherlich hatte ich harte Zeiten. Aber am Ende haben wir nur dieses eine Leben, und ich würde niemals in einer Beziehung bleiben, bloß weil ich Angst vor dem Alleinsein habe.«[17] Meine Schlussfolgerung aus solchen und anderen Statements: Die Vorstellung von der ultimativen, ewigen Liebe ist totaler Quark. Diesem Ideal hecheln wir hinterher wie einem Gespenst, das uns anzieht, aber gleichzeitig Angst einjagt. Letzten Endes sei die Vorstellung eines Happy Ends eine sehr romantische Idee »wie aus einem Drehbuch«, meint auch Aniston.[18] Für manche Leute funktioniere das. Allerdings müsse jeder seinen eigenen Weg gehen – und der beinhalte nun mal nicht immer einen Kinderwunsch.

Was mich nervt, ist die Vorstellung, dass kinderlosen Frauen etwas fehlt. Dass sie bedauernswert sind oder egoistisch. Die Autorin Verena Brunschweiger hat in ihrem Buch *Kinderfrei statt kinderlos* Gedanken formuliert, die mich sehr beeindruckt haben. Sie fordert zum Beispiel, dass Frauen, die sich gegen Nachwuchs entscheiden, zum 50. Geburtstag 70.000 Euro vom Staat geschenkt bekommen sollen, weil sie die Umwelt nicht mit Nachwuchs belasten. Immerhin produzierte 2019 ein Einwohner Deutschlands durchschnittlich 7,9 Tonnen Kohlenstoffdioxid (im Verkehrs- und Energiesektor, beim Konsum und bei der Ernährung).[19] Um Treibhausgasneutralität herzustellen, wäre eine Pro-Kopf-Emission von einer Tonne pro Jahr das Ziel.[20] »Manche haben sich einfach noch nie die Mühe gemacht, über so ›normale‹ Verläufe nachzudenken. Schule, Studium, Heirat, Haus, Kind. So haben es die eigenen Eltern gemacht und was ist falsch daran?«, fasst sie den vorherrschenden Konsens zusammen und erklärt im zweiten Schritt, warum dieser nicht unbedingt das Gelbe vom Ei ist. »Wir haben bereits einen schwer übervölkerten, gebeutelten Planeten, und jedes weitere Kind belastet ihn nicht nur auf vielfache Weise, sondern setzt diesen Zyklus womöglich selbst fort.« Das Frauenbild entspreche dem einer »Reproduktionsträgerin«.[21] Deshalb ruft Brunschweiger Frauen dazu auf, sich bewusst gegen vorherrschende Klischees zu entscheiden – wie etwa, dass das Erleben einer Geburt dazugehöre. Männliche Dominanz und mediale Gehirnwäsche führen dazu, dass Frauen glauben, SIE wollen eine größere Brust, SIE wollen ein Kind. Dabei kostet das vor allem viel Kraft, Zeit und Geld. »Manche Frauen lassen sich einreden, ohne Kind keine vollwertige Frau zu sein.«[22] In diesem Punkt stimmt Brunschweiger mit Jennifer Aniston überein. Und auch ich fühle mich von ihrer provokanten These irgendwie abgeholt und angesprochen. Es ist erleichternd, so etwas einmal zu lesen. Weil es Frauen dabei hilft herauszufinden, was sie wirklich wollen – und was ihnen von der Gesellschaft als Must-have verkauft wird. Gut möglich, dass sich viele nichts sehnlicher für sich selbst wünschen. Und auch ich verbringe derzeit mit niemandem lieber meine Zeit als mit meiner zuckersüßen Nichte. Aber Frauen sollen sich auch für alternative Lebensmodelle entscheiden dürfen, ohne sich rechtfertigen zu müssen.

Brunschweiger fordert eine Art Absolution für kinderfreie Frauen. Ich finde, dass wir Frauen vor allem damit aufhören sollten, uns gegenseitig für unsere Andersartigkeit anzugehen. Statt übereinander zu reden, sollten wir uns lieber zusammentun und gemeinsam etwas erreichen: für die Gleichberechtigung und unsere Unabhängigkeit, für ein selbstbestimmtes Leben. Ihr findet nichts cooler als eine Großfamilie samt Eigenheim im Grünen und werdet dafür von euren beziehungsunfähigen Hipster-Freunden schief angeguckt?

Dann zeigt ihnen den Stinkefinger. Andersherum genauso. Du bist kein schlechterer Mensch, wenn du mit Ende dreißig immer noch am allerliebsten in deinem WG-Zimmer hockst, Bong rauchst und zu deinen Reptilien sprichst. Das ist der Vorteil der Dreißiger. Es ist alles offen, und jeder und jede kann verdammt noch mal tun und lassen, was er oder sie für richtig hält. Wer das noch immer nicht geschnallt hat, kann sich von mir aus gehackt legen.

SEXUAL ATTRACTION IM JOGGINGANZUG

Neulich wurde beim Sektfrühstück mit einem Teil meines größtenteils stark verkaterten Freundeskreises hitzig über *sexual attraction* diskutiert. Die meisten von uns hatten so einige durchzechte Nächte hinter sich, in denen sich auch die ein oder andere Kontaktaufnahme mit dem anderen Geschlecht ergeben hatte. Mit Lachsbrötchen im Mund prahlte meine Freundin Susi, 39, damit, dass sie am Abend zuvor beim Kneipen-Hopping auf der Reeperbahn angeblich so oft wie noch nie vorher in ihrem Leben von heißen Typen angebaggert worden sei. Interessant fand ich ihre Erklärung dazu. »Es war die Jogginghose. Das schwöre ich euch. Die hat die Männer ganz wuschig gemacht!« Es war nämlich so gewesen, dass Susi gar nicht hatte ausgehen wollen und schon mit Wärmflasche auf dem Sofa gelegen hatte, als ein paar Freunde mit reichlich Bier im Gepäck bei ihr klingelten. »Als wir dann doch noch loszogen, war ich schon zu besoffen, um mich noch groß zu stylen.«

Großes Gelächter am Tisch, der nächste Sektkorken knallte. Anstoßen auf Susis Asi-Look. »Jetzt mal im Ernst, Leute«, japste Susi. »Immer wenn ich mich auftakele, traut sich keiner an mich ran. Ist doch logisch, die Männer denken dann: Bei der Granate hab ich eh keine Chance!« Herrlich, an Selbstbewusstsein hatte es Susi echt noch nie gemangelt. Nur eine ihrer vielen vortrefflichen Eigenschaften. Ich merkte amüsiert an, dass fremde Männer doch tatsächlich keine Chance bei ihr hätten, denn immerhin sei sie doch mit Karsten liiert. Der saß übrigens auch am Tisch. Kopfschüttelnd.

Susi winkte eilig ab. »Ich will ja auch gar keinen abschleppen. Mich interessiert das Thema vielmehr aus soziologischer Sicht.« Sie räusperte sich. »Ich mein doch bloß: Wenn ich so wie gestern in alten Turnschuhen und Jogginghose vor die Tür gehe, sehen die Männer gleich: Das ist nicht so 'ne Tussi. Und das finden die geil.«

Die Anwesenden nickten grinsend. Von den Herren hier stand eigentlich keiner auf gepimpte Tussis. Außerdem kannte ich die Magie des Schlabberlooks selbst. WENN mich mal jemand in freier Wildbahn ansprach, dann meistens in Momenten, in denen ich absolut nicht darauf vorbereitet war. Zum Beispiel ungeschminkt in Gummistiefeln beim Tiefkühlpizzakauf an der Tanke. Nahbar, natürlich, nett – offenbar nice to have.

Susi informierte uns als Nächstes darüber, dass sie ausgerechnet in der Absturz-Alki-Kaschemme *Elbschlosskeller* besonders positive Resonanz von den Männern erhalten hatte. »Ich kam mir vor wie Jennifer Lopez. Ich wurde angesprochen, eingeladen und es hagelte Komplimente«, freute sie sich und biss beherzt in ihr Mettbrötchen. »Einer hat sogar explizit meine Jogginghose gelobt. Dadurch würde ich so eine Laisser-faire-Haltung vermitteln und das fände er sexy.« Stolz lehnte sie sich auf ihrem Stuhl zurück. Karsten massierte sich die Schläfen und goss sich noch mal Sekt nach.

Mein Kumpel Bernie prustete plötzlich los. »*Elbschlosskeller?* Jennifer Lopez? Alter, Susi, ist doch kein Wunder, dass du in DEM Schuppen zwischen den ganzen Superfertigen heraussichst. Alles andere wäre ja wohl eine Beleidigung. Allerdings wette ich, dass du selbst auch voll warst wie zehn Matrosen.«

Susi stocherte etwas beleidigt in ihrem Rührei herum. »Ach, du hast doch keine Ahnung. Das waren alles richtig schöne Männer.« Wieder wurde gekichert.

»Ich dachte, wer Jogginghosen trägt, hat die Kontrolle über sein Leben verloren«, warf ich noch ein. »Sagt zumindest Karl Lagerfeld.«

»Der ist tot«, kläffte Susi. »Jetzt gelten neue Gesetze.«

Mein Freund, der sich gerade seinen fünften Kaffee eingegossen und noch nicht viel gesagt hatte, nickte plötzlich. »Susi hat recht«, sagte er leise. »Ich mag dich in deinem Schlafanzug auch am liebsten. Du bist immer so viel unterwegs. Wenn du deinen Schlafanzug trägst, weiß ich, dass wir es uns zu Hause gemütlich machen können und du nicht schon wieder irgendwo hinmusst.« Daraufhin erhoben wir alle erneut unsere Gläser: Es lebe der Asi-Look!

Für Jennifer Lopez wäre das sicher nichts. Ihren Auftritt zusammen mit Shakira bei der *Superbowl-Halbzeitshow 2020* fand ich genauso vorsintflutlich wie das letzte Finale von *Germany's Next Topmodel*, bei dem sich zwei weiße alte CIS-Männer selbstzufrieden Champagner reinlöteten, während vor ihnen zwei blutjunge Frauen in Glitzer-BHs auf und ab stöckelten. Die Darbietung von J.Lo und Shakira wirkte auf mich, als würden sich die beiden *live on stage* einen verbissenen Kampf liefern: Wer hat sich besser gehalten? Wer ist *more fuckable?* Das führt bei ihren Fans am Ende bloß zu Selbsthass, Essstörungen, Minderwertigkeitskomplexen und der Sucht nach Schönheits-OPs. Auf Twitter schrieb eine Userin während der Show: »J.Lo ist 50, Shakira ist 43, die beiden altern wie guter Wein. Ich bin weniger als halb so alt wie die beiden und altere wie ... Milch. Wenn ihr mich sucht, ich bin im Fitnessstudio.«

Das ist erst mal witzig, und wahrscheinlich werden nur die wenigsten den Fehler gemacht haben, sich mit den millionenschweren Performerinnen zu vergleichen, um anschließend in Depressionen zu verfallen. Denn die beiden geben jeden Monat Unsummen für ihre Schönheit aus, haben einen privaten Koch und trainieren täglich mehrere Stunden mit einem Personal Trainer. Weil das nun mal zu ihrem Job gehört. Und dafür bekommen sie von mir auch

Mitleid. Denn tief in ihren gestählten, gebotoxten Körpern stecken zwei dralle Latina-Muddis mit grauen Haaren und herrlichen Lachfalten um Münder und Augen, die in ihrem Leben eigentlich bloß eins wollen: mit einem riesigen Eimer frittierter Hühnchenbeine auf dem Sofa liegen und sich den Scheißsuperbowl im Fernsehen angucken – wie jeder andere normale Mensch auch. Ein Glück, dass mittlerweile ein überdurchschnittlich talentiertes, chronisch schlecht gelauntes Popgirl in Baggy-Klamotten namens Billie Eilish dazwischengrätscht, um der Jugend von heute zu zeigen, dass man nicht zwangsläufig mit dem Arsch wackeln muss, um erfolgreich Musik zu machen.

Prallen Kapitalismus und die neue Eitelkeit, befeuert durch die sozialen Medien, aufeinander, entstehen auch haufenweise neue Gaga-Trends unterhalb der Gürtellinie. Zuerst pimpen wir uns mit Verschönerungs- und Bildbearbeitungs-Apps wie FaceTune (eine der meistverkauften Apps aller Zeiten) auf Kardashian-Niveau und als Nächstes wollen wir auch im wahren Leben so aussehen wie auf unseren aufpolierten Selfies. Schönheitschirurgen berichten, dass immer mehr junge Leute mit dem Wunsch zu ihnen kommen, sich optisch ihren gemorphten Profilbildern anzunähern, weil sie sich pur gar nicht mehr unter Leute trauen. Das betrifft neuerdings auch unser Allerheiligstes. Durch oberflächliche, irreführende mediale Einflüsse, etwa durch Pornos, wächst die Unsicherheit vieler Frauen, was normal und schön ist. In ihren Köpfen hat sich durch die Medialisierung von Sexualität das Idealbild einer straffen, haarlosen Vulva festgesetzt. Nur die wenigsten wissen, wie unterschiedlich Vulven aussehen können. Klitorismantelstraffungen oder Vulvalippenverkleinerungen (beides ab etwa 2400 Euro) gehören für Schönheitschirurgen mittlerweile zum Alltagsgeschäft, Anal Bleachings zu den Standard-Beauty-Treatments.[23] Dinge, von denen unsere Elterngeneration wohl nicht einmal zu träumen gewagt hätte! Harmlos, aber mindestens genauso verrückt: Vaginal-Spas. Dort wird zum Beispiel Streaming für die Vagina angeboten. Heißer Dampf soll die Durchblutung ankurbeln und so für bessere Orgasmen sorgen. Gwyneth Paltrow schwört drauf. Aber die verkauft auf ihrem Lifestyleportal ja auch Kerzen, die nach Muschi riechen. Na ja, solange es zur Body Positivity beiträgt!?

Immerhin wurde 2019 die große Victoria's-Secret-Modenschau erstmals abgeblasen, weil die Macher endlich geschnallt hatten, dass ihr Frauenbild – untergewichtige Frauen als Sexobjekte – nicht mehr zeitgemäß war. Die Umsätze des Labels sind gesunken, die Aktie ist im Keller. Sexyness wird heute anders definiert. Das haben wir starken, authentischen Aktivistinnen und Künstlerinnen wie Lizzo, Celeste Barber oder Amy Schumer zu verdanken, die sich für einen liebevollen, selbstverständlichen Umgang mit dem weiblichen Körper einsetzen und das Auftreten oberflächlicher 08/15-Influencer beiderlei Geschlechts mit schrägen Parodien ad absurdum führen. »Schönheit heißt nicht lange Haare, dünne Beine, gebräunte Haut oder perfekte Zähne«, sagte Emma Watson mal. »Glaubt mir. Schönheit ist das Gesicht von jemandem, der geweint hat und jetzt lacht. Die Narbe an deinem Knie, die du hast, seit du mal als Kind hingefallen bist. Dieser Rausch, der dich wach hält, weil du verliebt bist. Der Ausdruck auf deinem Gesicht, wenn morgens dein Wecker klingelt. Dein verschmiertes Make-up, wenn du aus der Dusche steigst. Lachen über einen Witz, den nur du kapierst. Falten. Die Spuren, die das Leben an uns hinterlässt. Unsere Erinnerungen. Schönheit ist, sich selbst leben zu lassen.«[24]

ARBEIT ODER SO ÄHN-LICH

40-Stunden-Woche?
Man kann's auch übertreiben ...

Immer wenn ein neuer Job zur Debatte steht, frage ich mich selbst: Schaffst du das, falls es hart auf hart kommt, auch an drei Tagen die Woche? Lautet die Antwort »Ja«, bin ich dabei. Beruflicher Erfolg ist für mich, wenn sich meine Arbeit nicht wie Arbeit anfühlt, ich mich auch mal zwei Monate nach Indien verziehen kann, ohne dass gleich alle durchdrehen – und ich trotzdem ganz geil verdiene. Frei und selbstbestimmt cooles Zeug mit oder für coole Leute auszutüfteln. Mich selbst immer wieder neu herauszufordern, Grenzen auszuloten, lieber zu viele als zu wenig lange Pausen an traumhaften Orten einzuplanen, um danach wieder alles zu geben.

HOLLYWOOD. ODER WENIGSTENS HAMBURG. MEIN EINSTIEG IN DIE MEDIENBRANCHE

Wir schreiben das Jahr 2001. Ich bin 15 und steige nach 50 Minuten Fahrt endlich aus dem muffigen gelben Schulbus, der direkt vor der uralten, denkmalgeschützten Feldsteinkirche in meinem niedersächsischen Dorf hält. Ich trage Baggy Pants und ein Bandshirt von System of a Down …

Damals wollte ich bloß eins: herausstechen aus der öden Masse und der gefühlten Bedeutungslosigkeit entfliehen. Dafür nahm ich auch tapfer in Kauf, dass ich häufiger das Opfer von Mobbingattacken wurde. Am schlimmsten war die große Schwester einer Freundin. Jahrelang nutzte sie jede Begegnung, um gemeine Kommentare gegen mich abzufeuern und mich vor meinen Freunden fertigzumachen. Diversität war damals noch nicht ganz so in wie heute. Zum Glück ließ ich mich von Hatern auf dem Schulhof nie groß irritieren, weil ich in meiner Klasse ein relativ hohes Ansehen genoss. Wer mich gut kannte, mochte mich. Das genügte mir. Außerdem war ich schlau genug, um zu schnallen, dass meine Mobber mich lediglich als Kompensation für eigenen Selbsthass, sexuell-identitären Frust oder anderweitige psychische Probleme benutzten. Darüber hinaus hatte meine Mutter mir schon früh eingetrichtert, ich sei etwas »Besonderes« und die anderen garantiert »bloß neidisch« auf mich – und das hatte ich ihr geglaubt. Mit 17 kam dann die Erlösung: Ich lernte im einzigen Rockschuppen der nächstgelegenen Stadt eine alternative Clique, bestehend aus Punks, Gothics und Skatern kennen, die mich schnell herzlich in ihrer Runde aufnahmen. Unter ihnen fühlte ich mich nicht mehr wie ein Weirdo, sondern goldrichtig. Mit einigen bin ich bis heute eng befreundet. Deshalb kann ich nur allen jungen Menschen raten: Nehmt eure Schulzeit nicht so ernst. Sobald ihr 18 seid, könnt ihr in eine weltoffene Stadt ziehen, unter Gleichgesinnten eure Andersartigkeit zelebrieren und bestenfalls sogar gewinnbringend einsetzen.

An der Bushalte ist heute schon gut was los. Die Dorfpunks begießen den Auftakt der Sommerferien mit Korn und Sprite. Es riecht nach Zigaretten und Mopedabgasen. Ich nehme den kürzesten Weg durch ein kleines Wäldchen und überlege, welche Optionen ich für den Abend habe: Komasaufen vor der Kirche wäre Freizeitgestaltungsmöglichkeit eins. Nummer zwei ein Besuch des örtlichen Schützenfests. Sprich: dieselbe Szenerie, bloß mit Erwachsenen und Blasmusik. Die Hip-Hop-Jam in der Stadt kann ich knicken, weil der letzte Bus um 18.00 Uhr fährt.

Zu Hause angekommen, gehe ich in mein Zimmer und schalte den Fernseher ein. Es läuft *Clueless – Die Chaos-Clique*. Die bildhübsche blonde Protagonistin ist genauso alt wie ich, reich, beliebt und lebt in L. A., wo sie mit ihren Freunden von einer coolen Fete zur nächsten düst. Mit ihrem eigenen Cabrio. Ich seufze und blicke wehmütig aus dem Fenster. Eichen wiegen sich im Wind, ein Mähdrescher fährt im Zeitlupentempo übers Feld, ein paar Kinder kicken auf der Spielstraße. Ständig habe ich das Gefühl, irgendetwas zu verpassen. Mein Leben erscheint mir sinnlos und ich komme mir gänzlich unbedeutend vor. Zum Ausgleich habe ich mein Zimmer mit aufblasbaren neonpinken Aliens dekoriert. An den Wänden hängen Poster der Band The Prodigy.

Ein paar grundsätzliche Dinge standen bereits mit 13 für mich fest: Ich wollte Karriere machen und bloß keine Kinder. Heiraten hielt ich ebenfalls für überflüssig, weil ich bei den Erwachsenen gesehen hatte, was aus Frauen wurde, die in unglücklichen Ehen gefangen waren und nicht daran gedacht hatten, sich abzusichern, nicht über eigenes Geld, eigene Freunde oder einen erfüllenden Job verfügten. Stattdessen wollte ich unbedingt nach Indien, Hollywood und Hawaii. Die große weite Welt sehen, mein Dorf hinter mir lassen, in eine aufregende Metropole ziehen, eine erfolgreiche Schriftstellerin werden, ein silbernes Cabrio fahren und mit einem faszinierenden intellektuellen Künstlertypen zusammenkommen. Das war ja wohl nicht zu viel verlangt?! Schon damals konnte ich es kaum erwarten, endlich 40 zu werden. Dieses Alter stellte ich mir wie das Paradies vor. Ich würde reich sein, unabhängig, eine glamouröse Kosmopolitin, die mitten im Leben stehen und reichlich wilden Sex haben würde.

Wenn man auf dem Dorf aufwächst, bleibt einem gar nichts anderes übrig, als sich in eine Fantasiewelt zu flüchten und kreativ zu sein, um in der Jugend vor Langeweile nicht vollkommen verrückt zu werden. Ich malte, schrieb Gedichte, Kurzgeschichten, Songtexte und Tagebuch. In Letzterem protokollierte ich detailliert meinen Weltschmerz und fühlte mich dadurch besser. Schreiben, das war mein Ding. Also beschloss ich, Reporterin zu werden. Ich wollte mittenrein ins Weltgeschehen und immer als Erste dort sein, wo was los ist. Zum Beispiel an den roten Teppichen dieser Welt. Meine Eltern – beide Beamte, denen Sicherheit alles bedeutete – legten mir kurz vor dem Abi häufiger Zeitungsausrisse von Anzeigen für Ausbildungsberufe an meinen Essplatz, zum Beispiel »Stadtsparkasse sucht Azubis für ihre Filiale in Dorf XY«. Alle Erwachsenen, die ich kannte, wollten mir meinen Berufswunsch ausreden. »Die Branche ist praktisch tot. Man verdient kein Geld mehr, nur die ALLERBESTEN kriegen feste Jobs.« Prima, dachte ich mir, dann werde ich ja künftig nur mit den Besten zusammenarbeiten. Insgesamt hatte ich selbst natürlich null Ahnung, was bald auf mich zukommen würde. So wusste ich weder, welche Medienhäuser zu den »Bösen« zählten, noch, welche Redaktionen sich besonders gut als Sprungbrett für eine vielversprechende Karriere eigneten. Also bewarb ich mich einfach mal auf gut Glück um ein Praktikum bei einem großen Hamburger Medienhaus – und wurde genommen.

An meinem ersten Arbeitstag, direkt nach dem Abi, lieferten mich meine Eltern noch höchstpersönlich mit ihrem kleinen Golf vor der güldenen Drehtür des Verlags ab. Mit Capri-Sonne im Gepäck wagte ich den Schritt ins Ungewisse. »Zeig's ihnen, Henny«, rief mein Vater aus dem geöffneten Autofenster hinter mir her und zeigte ein Peace-Zeichen. Meine Mutter hatte feuchte Augen. »Und wenn die nicht nett zu dir sind, rufst du sofort an und wir holen dich wieder ab.« Ich nickte und setzte die Drehtür in Bewegung, die bald einen ähnlichen Effekt auf mich haben würde wie Marijke Amados Zauberkugel.

Zwei Jahre später. Dienstag, 6.52 Uhr: Ich, mittlerweile Volontärin, sitze mit Augenringen von hier bis Meppen vor meinem PC und google verzweifelt »George Clooney + Erektionsprobleme + Ehekrise«. Neben mir türmen sich leere Energydrinkdosen und meine äußere Erscheinung bewegt sich irgendwo zwischen Rumpelstilzchen und Amy Winehouse. Bis heute Mittag muss ich meinem Chef einen Artikel mit dem Arbeitstitel *Das verkorkste Sexleben der Hollywoodstars* vorlegen – und zwar druckreif! »Sonst betextest du in Zukunft nur noch das Horoskop und die Rezeptseiten«, hat man mir gedroht. Im Gegensatz zu den meisten, die im Verlag ein Volontariat absolvieren, habe ich nie eine Uni von innen gesehen. Stattdessen arbeitete ich von Sekunde eins an härter als alle anderen. Bildete ich mir wenigstens ein.

So fischte ich mir etwa zu Beginn meines Praktikums ab und zu Einladungen zu Interviews, die keiner machen wollte, aus den Mülleimern und nahm diese Termine entweder in meiner Mittagspause oder nach Feierabend wahr. Einfach um zu trainieren, sicherer zu werden, von anderen zu lernen, Kontakte zu knüpfen. Außerdem gab es vor Ort meistens Gratishäppchen, was in meiner Situation als Volontärin finanziell sehr half. Und dann war da noch die After-Hour. Sobald der offizielle Teil bei Kinopremieren, Produktpräsentationen oder Modenschauen vorbei war, die natürlich stets in den nobelsten und aufregendsten Locations der Stadt stattfanden, floss der Alkohol in Strömen. Nicht selten befand ich mich mittendrin in völlig ausufernden Partys, war plötzlich mit berühmten Filmregisseuren, Fernsehstars oder Topmodels per Du und tütete ganz nebenbei exklusive Interviews ein. Keiner ahnte, dass ich bloß trainierte, um in dieser wilden, völlig durchgeknallten Branche zu bestehen.

Irgendwann legte ich meinem Chef eins dieser Interviews mit großer Geste auf den Schreibtisch. Am Abend zuvor hatte ich einer Popgröße bei Sekt und Kaviar das ein oder andere Hammerzitat entlocken können. Er war zuerst baff, dann las er mein Interview in der Redaktionskonferenz vor versammelter Mannschaft laut vor und beförderte mich anschließend quasi zur Jungredakteurin (aka Promireporterin). Fortan durfte ich ganz offiziell bei Pressekonferenzen, im Backstagebereich, auf After-Show-Partys und am roten Teppich auf Jagd nach heißen Storys gehen. Das war eine lustige Zeit. Ich war jung, kam viel rum und gab dabei alles, weil ich in der Redaktion unbedingt weiter Karriere machen wollte. Die harte Arbeit machte mir damals – mit 22 – nichts aus. Ich schob völlig selbstverständlich und gerne Überstunden, fuhr sogar am Wochenende ins Büro, um noch bessere Texte abliefern zu können. Ich fand es cool, permanent im Stress zu sein, denn so fühlte ich mich endlich wichtig und bedeutungsvoll. Meine Redaktion wurde zu meinem zweiten Zuhause. Zeit für echte Erholung blieb kaum. Manchmal musste ich Artikel bis zu zwölfmal umschreiben, ehe ich den Geschmack sämtlicher meiner Vorgesetzten getroffen hatte. Das zerrte zunehmend an meinen Nerven. Bis heute erinnere ich mich mit Schrecken zurück an den sogenannten Gaga-Gate.

Damals sollte ich ein Porträt über die damalige Newcomerin Lady Gaga schreiben. Voll cool, dachte ich zu Beginn, noch nicht ahnend, dass mich jener Auftrag an den Rand eines Burn-outs und mittenrein in den Wahnsinn treiben würde. Aber der Reihe nach: In meiner ersten Textversion fokussierte ich mich noch frisch und fröhlich auf Gagas erste Karriereschritte als Stripperin in Schwulenbars. Das war meinem Ressortleiter, einem Schnösel im rosa Poloshirt, aber zu »dirty«. Er bestand darauf, dass ich den Schwerpunkt meines Porträts auf Gagas unternehmerisches Geschick und ihre Rekordeinnahmen setzte. Als er endlich mit meinem neuen Text zufrieden war, legte ich das Endergebnis der nächsthöheren Instanz vor: meinem stellvertretenden Chefredakteur. Ein sympathischer, kettenrauchender Glatzkopf in Anzug und Krawatte. Ihm schwebte blöderweise etwas ganz anderes vor als meinem Ressortleiter – eine Fotostrecke mit Gagas verrücktesten Outfits. Ihr berühmtes Kleid aus rohem Fleisch sollte auf einer ganzen Seite gezeigt werden. Ich nickte brav, bestellte in der Fotoredaktion die entsprechende Bildauswahl und gab der Grafik Bescheid: Einmal neu bauen, bitte. Damit macht man sich nicht gerade Freunde ...

Danach setzte ich mich wieder an den Text und legte ihn nach etwa anderthalb Tagen erneut meinem Ressortleiter vor – der war allerdings *not amused*. »Das ist ja widerlich«, eiferte er sich und bekam dabei ganz rote Wangen. »Bist du völlig übergeschnappt? Die Leser werden uns aufs Heft kotzen!« Meine verzweifelten Einwände, dass der Befehl in Richtung Fleischkleid vom Vize gekommen war, interessierten ihn nicht. Die beiden standen nämlich auf Kriegsfuß. Stattdessen forderte mein Ressortleiter eine Zwischenlösung: »Schreib über ihre musikalischen Vorbilder. Die kupfert doch ständig bei Madonna ab. Oder – na ja, sei ein bisschen kreativ.« Ich massierte mir die Schläfen und flirtete in Gedanken bereits mit dem Tequila, der von der letzten Redaktionsparty übrig geblieben war und seit ungefähr zehn Monaten unangetastet in der Kaffeeküche vor sich hin vegetierte … Um mich dieses Mal abzusichern, ging ich, bevor ich mich erneut ans Umtexten machte, noch mal kurz zum Vize und erstattete ihm Bericht über die neuesten Anweisungen meines Ressortleiters. »Gut, dann eben musikalische Vorbilder – aber bringen Sie wenigstens noch Gagas Liebesleben mit rein. Hab gehört, die Gute soll bisexuell sein …« Er gluckste aufgeregt. Ich nickte müde und orderte erneut passende Fotos und ein neues Layout, was mich unmittelbar zur Persona non grata in der Grafikabteilung beförderte. Aber was sollte ich tun? Meine Chefs spielten Hase und Igel mit mir und schon morgen war Redaktionsschluss. Mittlerweile war es Mittag, alle waren in der Pause, ich saß – wie so oft – völlig übermüdet vorm PC und haute in die Tasten. Mein Magen knurrte, aber das musste ich ignorieren. Ab und zu schauten liebe Kollegen vorbei und brachten mir einen Kaffee oder ein Snickers.

Am Ende landete schließlich eine Textversion beim Big Boss aka Chefredakteur, die zwar sowohl von meinem Ressortleiter als auch vom stellvertretenden Chefredakteur für »gut« befunden worden war. Aber das hieß noch GAR nichts. Denn sein Urteil lautete leider: »laaangweilig«. Die ganze Seite müsse »mehr knallen«, zur Not solle ich mir eben etwas »ausdenken«. Dabei wusste ich nie so recht, ob er das wörtlich meinte: ausdenken. Sollte ich mir einen neuen Dreh »ausdenken« oder völlig neue Fakten?! Ratlos kehrte ich zurück zu meinem Ressortleiter. Der war mittlerweile ebenfalls mit den Nerven am Ende und brüllte mich an: »Das ist jetzt echt nicht mehr mein Problem. Reiß dich gefälligst zusammen und schreib jetzt endlich mal was Geiles! Sonst textest du in Zukunft wieder das Horoskop.« Ich schluckte trocken und schlich leise in die Kaffeeküche ... Letztlich war es mein Textchef, der mir in seiner Mittagspause die zündende Idee zuspielte: »Schreib über ihre Beziehung zu ihrem Vater! Er war es, der sie dazu ermutigt hat, Sängerin zu werden. Das berührt jeden.« Die Geschichte ging beim Chef durch. Version Nummer zwölf. Danach fuhr ich sofort nach Hause und fiel in einen langen todesähnlichen Schlaf.

Dieses Mal, beim Clooney-Artikel, finden meine kreativen Ergüsse bereits beim dritten Versuch Anklang. »Dein Text ist durch«, raunt mir mein Ressortleiter im Vorbeigehen durch die offene Tür meines Büros zu. DURCH. Das ist so etwas wie das Codewort in die Freiheit. Ich schrecke aus einem Sekundenschlaf von meiner Tastatur hoch. DURCH. Das ist heute nicht nur mein Text, sondern auch ich. Abends habe ich Tickets für Manu Chao. Mein bester Freund Bruno – der im selben Verlag wie ich arbeitet – und ich sind derart müde, dass wir beinahe Schulter an Schulter auf der Sitztribüne einpennen und uns gähnend darüber empören, als sich Manu Chao erdreistet, wilde Ska-Versionen seiner lieblichen Chansons *Bongo Bong* und *Clandestino* zu spielen. Noch vor einem Jahr hätten wir vorne in der ersten Reihe mitgebrüllt und Pogo getanzt.

Etwas, was mich wirklich vermehrt nervte, war die Tatsache, dass meine Vorgesetzten es mit dem Wahrheitsgehalt einer Meldung – egal ob aus dem Bereich Promis oder Politik – oft nicht so eng sahen. »Besser eine unterhaltsame Lüge als eine Wahrheit, bei der einem die Füße einschlafen«, pflegte mein Chef zu sagen. »Nur so verkauft man Hefte.« In der Redaktion herrschte zudem das ungeschriebene Gesetz, dass man seine Themen besonders gut verkaufen konnte, wenn sie in etwa deckungsgleich mit den aktuellen Sorgen und Nöten unseres Oberbosses waren. Litt dieser beispielsweise unter Haarausfall, mussten wir Johnny Depp dasselbe Leiden andichten, am besten auch gleich eine Titelgeschichte daraus machen. Lief es in seiner Ehe beschissen, unterstellte man den Beckhams oder den Clooneys ebenfalls eine Krise. Wir Redakteurinnen und Redakteure verließen unsere Büros so gut wie nie, fast sämtliche Artikel mussten aus Kostengründen »kalt« geschrieben werden. »Wieso soll ich dich für ein Interview mit Brad Pitt nach Los Angeles schicken, wenn du hier genauso gut eins aus alten Zitaten zusammenbasteln kannst?«, fand mein Ressortleiter. »Oder glaubst du im Ernst, dass Rolli Rollmops den Unterschied merkt?«

Rolli Rollmops saß mir quasi ständig im Nacken. Gemeint war der durch Umfragen von professionellen Marktforschungsinstituten ermittelte Durchschnittsleser unseres Magazins. Rolli war 48 Jahre alt, ungebildet, übergewichtig, faul, Hartz-IV-Empfänger, ein Möchtegern, geizig und ständig krank. Unser Ziel war es, dafür zu sorgen, dass er sich besser fühlte. Indem wir ihm erzählten, wie er an einem Tag fünf Kilo abspecken, 10.000 Euro sparen, sein Krebsrisiko um 80 Prozent senken und sexy wie Brad Pitt aussehen konnte, ohne sich dafür von seinem Sofa erheben zu müssen. Seriöse Recherchen waren für solche Artikel gänzlich überflüssig. Was ich stattdessen brauchte, waren Ausdauer, Fleiß, Nerven wie Drahtseile, eine Unmenge an Klatschmagazinen (um in Sachen Promis stets auf dem Laufenden zu bleiben), ein Selbstgebrannter in der Schreibtischschublade und, ganz wichtig: eine LSD-mäßige Fantasie. All das hatte ich mir über die Jahre relativ gut antrainiert und nebenbei mein Privatleben und meine Gesundheit vernachlässigt.

Leider merkte ich erst viel zu spät, dass ich mich für das Falsche krummgemacht hatte. Das konnte nicht ewig so weitergehen. Der stetige Druck begann mir immer mehr zuzusetzen. Dinge, die mir früher leichtgefallen waren und Spaß bereitet hatten, fielen mir mittlerweile unendlich schwer. Dadurch, dass meine Chefs fast jedes Mal etwas Unterschiedliches forderten, hatte ich beim Schreiben ständig ihre Stimmen im Hinterkopf. Mit jedem Satz versuchte ich, sie zufriedenzustellen. Dabei ging mein persönlicher Stil flöten, meine Kreativität und Freude am Schreiben waren praktisch eliminiert worden.

Eine Panikattacke ist an und für sich nichts Bedrohliches. Sie macht wach. Du sitzt plötzlich wie eine Eins im Bett, dein Herz rast, du bekommst keine Luft mehr. Vielleicht bildet sich dein Gehirn ein, du müsstest gleich sterben. Herzinfarkt oder so was. Aber nö, das ist bloß die nackte Angst, die das Blut wie verrückt durch deine Arterien pumpt. Als würde sie dich aufrütteln aus deinem Trott, in dem du schon viel zu lange steckst. »Wach auf, Henriette! Du musst da weg! Die machen dich kaputt! Du verschwendest dein Talent!« Das wird dir allmählich klar, sobald du erst mal für eine Weile auf dem Badezimmerteppich liegst. Panik ist, wenn es sich anfühlt, als würde ein zentnerschwerer Fels auf deinem Brustkorb liegen. Gleichzeitig durchzucken dich Blitze. Man könnte fast von einer Art Erleuchtungserlebnis sprechen, das dich dazu zwingt, dein bisheriges Lebenskonzept zu überdenken, deine Prioritäten neu zu sortieren und Dingen Aufmerksamkeit zu schenken, die du viel zu lange vernachlässigt hast. Es ist genau der richtige Zeitpunkt, um dir eine Reihe existenzieller Fragen zu stellen:

- *Wie wollte ich immer sein?*
- *Wer bin ich heute?*
- *Welche unerfüllten Träume, verborgenen Talente und Sehnsüchte schlummern noch in mir?*

- *Was zur Hölle läuft gerade falsch in meinem Leben?*
- *Was kann ich noch heute dagegen tun?*

Meine Antworten damals:

- *Frei und wild und verrückt.*
- *Eine kleine Bürosklavin mit leichtem Alkoholproblem.*
- *Ich will um die Welt reisen und ein Buch schreiben!*
- *Ich habe mein Selbstvertrauen verloren und die Freude am Schreiben. Ich bin leer, desillusioniert und kaputt.*
- *Kündigen.*

Am Ende kam mir mein Boss zuvor. Ich wurde gefeuert. Das toxische Klima in der Redaktion sowie der große Druck hatten dazu geführt, dass ich zum Schluss nicht mehr wusste, wo oben und unten war. Ich hatte meinen eigenen Stil und mein Selbstvertrauen verloren, weil ich immer bloß daran dachte, was wohl meine Chefs gerne lesen würden. Die Angst zu scheitern hatte mich in ein Nervenwrack verwandelt. Nun, mit 25, brauchte ich jene Auszeit, die sich viele in meinem Alter nach dem Abitur gegönnt hatten. Es war die reinste Erlösung. Aber auch ganz schön beängstigend und traurig. Während die meisten anderen Redakteurinnen und Redakteure in meinem Alter zu Chefreportern oder Ressortleiterinnen befördert wurden, stand ich vor den Pforten des Jobcenters. Wah!

Nachdem ich mich eine Woche lang mit allen möglichen Freunden und Ex-Kolleginnen betrunken und ausreichend lange in Selbstmitleid gesuhlt hatte, beschloss ich, ab sofort all das nachzuholen, was ich in den vergangenen Jahren versäumt hatte. Ich ging tagsüber ins Kino, backte Kekse, ließ mich routinemäßig von Ärzten durchchecken, brachte mein Altglas weg, besuchte meine Großeltern, reparierte die kaputte Glühbirne in meinem Kühlschrank, hatte Sex, fuhr in den Urlaub und machte mir Gedanken darüber, wie mein Leben künftig aussehen sollte. Vor allem: meine berufliche Zukunft. Dass ich eines Tages nach Japan fahren würde, um dort nichts weiter zu tun, als an einem neuen Buch zu arbeiten, hätte ich damals nicht mal zu träumen gewagt. Das zeigt mal wieder: Egal, wie scheiße zwischendurch alles laufen mag – es bringt nichts, sich in Worst-Case-Szenarien zu verlieren. Viel lustiger und gesünder ist es doch, sich auszumalen, was im allerbesten Fall passieren könnte. Das habe ich mir mittlerweile ganz gut antrainiert und stehe morgens nun fast immer mit einem breiten Lächeln auf. Spätestens seit der Corona-Krise wissen wir ja: Krisen sind auch immer eine Chance.

LIEBE, SCHNAPS & TECHNO

Als es das Leben einmal besonders gut mit mir meinte, verliebte ich mich auf einem illegalen Goa-Rave in einen Mann, der Mitglied eines Performancekollektivs war. Nachdem wir uns ein paar Stunden dem Ausdruckstanz der Liebe hingegeben hatten, fragte er mich, ob ich Lust hätte, ihn und seine Kollegen mal zu einem Auftritt zu begleiten. »Wir machen elektronische Musik mit deutschen Texten und improvisieren dazu ein Theaterstück. Bekloppte Leute können wir immer gut gebrauchen!« Ich nahm das als Kompliment und sagte zu.

Zwei Wochen später stand ich mit einem Rucksack an der Bushaltestelle und wartete darauf, dass mich die Band einsammelte. Der klapprige Achtsitzer war schon von Weitem zu hören. Laute Technomusik dröhnte aus den geöffneten Fenstern. Der Kofferraum war bis zur Decke vollgestopft mit neonfarbenem Krimskrams und Instrumenten. Auf dem Beifahrersitz saß eine wunderschöne junge Frau mit Dreadlocks bis zur Hüfte. Sie lächelte mich an. »Schön, dass du da bist!« Ein Mann, der sich seine Haare bis auf zwei aufgestellte Hörner abrasiert und seine Augen mit rabenschwarzem Kajal betont hatte, murmelte irgendwas von Appetit auf Sauerkraut. Er hieß Karsten und war offenbar so etwas wie das Gesicht der Band. Mein neuer Freund gab mir einen Kuss und wies mir einen Platz zwischen ihm und einem hageren Männlein mit langem Bart und Denkerbrille zu. Das nickte mir freundlich zu und erkundigte sich gleich nach meinem IQ und meiner Leibspeise. »Damit ich in etwa weiß, worauf ich mich einstellen muss.« Als Nächstes bot man mir einen Joint zum Frühstück an, den ich dankend ablehnte. Schon der Passivdampf machte mir reichlich gute Laune.

Die Fahrt dauerte sieben Stunden. Unterwegs erklärte mir der Mann mit dem Sauerkraut, was später von mir erwartet wurde: »Du kannst dich auf der Bühne komplett ausleben. Tanze, singe, verbinde dich mit der kosmischen Kraft des Universums. Oder iss ein Stück Pizza, ganz egal.« Falsch machen könne ich praktisch nichts, das Wichtigste sei, dass es nicht so richtig flutsche. »Sonst wird es für uns selbst langweilig. Wir finden es ganz gut, wenn auch mal was daneben- oder kaputtgeht.« Eine angenehme Ansage für mich, die ich von Berufs wegen stets auf Perfektion getrimmt worden war. Klamotten bekam ich von Paula, der Frau mit den Dreadlocks. Sie schminkte mich aufwendig im Stil einer indischen Gottheit und wickelte mich in einen purpurfarbenen Sari. »Perfekt«, hauchte sie und gab mir einen Kuss auf die Stirn.

Der Club, den wir anfuhren, befand sich irgendwo in Kreuzberg und wurde von einem schrägen Vogel namens Kasimir betrieben. Er ähnelte auf verblüffende Weise Chief Wiggum, dem glubschäugigen Polizisten aus *Die Simpsons*. Wiggum war schon »druff«, als wir auf dem Gelände eintrudelten. »Wo is'n euer Frontmann?«, fragte er zur Begrüßung, obwohl dieser direkt neben ihm stand. »Ihr seid um 0.30 Uhr dran«, erklärte er, während er uns in den Backstagebereich geleitete. Auf dem Weg dorthin mussten wir eine Küche durchqueren, in der eine großbusige Thailänderin am Herd stand und Reis mit spicy Scheiß für uns zubereitete. Mein Freund erläuterte mir den weiteren Ablauf des Abends. »Erst mal Kaffee trinken, Schnittchen futtern, dann den ganzen Krempel ausm Tourbus in den Club schleppen, aufbauen. Danach umziehen, vorglühen, abgehen.« Alles klar.

Vier Stunden später hatten wir den gesamten Club mit psychedelischer Deko verschönert. Es wimmelte von aufblasbaren Aliens – genauso wie damals in meinem Kinderzimmer (!) – und von der Decke baumelten verdorrte Christbäume. Karsten, der sich in einen neongrünen Einteiler geschmissen hatte, machte den DJ, drückte auf Play und die Gäste strömten herein. Ich stellte mich hinter ihn und versuchte, mir zu merken, welche Knöpfe ich wann bedienen musste, um die Lieder ineinanderfließen zu lassen. Sein verstörender Mix aus Hard-Tec, Frenchcore, trashigen 80er-Hits und Klassik haute mich komplett aus den Socken. »Brüche machen das Leben interessant«, erklärte er mir. »Du musst die Leute irritieren, damit sie anfangen, Althergebrachtes infrage zu stellen, und bereit sind, mit dir zusammen in neue Sphären einzutauchen.«

Nach zwei Stunden war das Publikum ausreichend aufgeheizt und die Performance begann. Die Band feuerte ihre selbst produzierten Tracks ab, dazu grölte das hagere Männlein ins Mikro, als gäbe es kein Morgen. Die anderen Bandmitglieder traten in immer neuen Verkleidungen in Erscheinung, mischten sich unters Publikum, stifteten Verwirrung. Ein Spektakel sondergleichen. Ich ließ mich von ihrer Energie mitreißen und machte einfach … irgendwas. Den Sonnengruß, eine Polonaise, meinen Ausdruckstanz.

Gegen 6.00 Uhr morgens war der Spuk vorbei und wir stießen mit Pfeffis – genau, den unsäglichen grünen Minzdrinks – auf den gelungenen Abend an. »Du kannst öfter mitkommen«, sagte das bärtige Männlein zu mir. »Das war gut.« Was er genau damit meinte, wusste ich zwar nicht, aber es machte mich trotzdem stolz. Hier wurde ich so genommen, wie ich war. Ich war gut genug, konnte mich endlich frei entfalten.

Auf der Rückfahrt wurde ich erst mal von Karsten dafür auseinandergenommen, dass ich die meiste Zeit meines Erwachsenenlebens von Montag bis Freitag in einem ganz normalen Büro arbeitete. »Bist du vollkommen irre? Wieso machst du das? Tu doch lieber das, was dir Spaß macht. Sei kreativ, lebe deine Talente aus. Oder sparst du etwa auf einen Porsche?« Nö, tat ich nicht. »Wozu dann der Stress? Ist ja nicht so, als würdest du dir für etwas den

Arsch aufreißen, was dir selbst gehört – sondern anderen. Und ey, im Kapitalismus geht es nie um den Menschen.« Ich erfuhr auch, was Karsten antrieb: »Wir wollen, dass sich die Menschen, die zu unseren Auftritten kommen, frei fühlen, sich ausleben, so sein können, wie sie möchten, ohne dafür verurteilt zu werden, und zu sich selbst finden.«

So kam es, dass ich allmählich anfing, meine Gedankenwelt neu auszurichten. Damals arbeitete ich schon nicht mehr in einem großen Verlag, sondern für eine mittelständische Agentur und führte nach meiner Weltreise sowie meinem Bestseller wieder mal ein relativ eintöniges 08/15-Leben. Meine neuen Freunde kamen von einem völlig anderen Planeten – und genau dort wollte ich auch hin! Durch die Zeit, die wir auf unseren gemeinsamen Konzertwochenenden verbrachten, erkannte ich immer deutlicher, was mir bisher in meinem Leben gefehlt hatte: Das war weder Geld noch Erfolg oder Anerkennung – sondern Punk. Und eine Gruppe von Menschen, die mich verstand und für das wertschätzte, was ich war: ein bisschen crazy, genau wie sie.

Die Auftritte in den Clubs waren bloß das i-Tüpfelchen unseres Tourlebens. Schon unsere zum Teil sehr langen VW-Bus-Reisen waren ein köstliches Vergnügen. An Bord herrschte Klassenfahrt-Feeling. Die ganze Zeit wurde gequalmt, als gäbe es kein Morgen, also musste ständig gelüftet werden. Das hatte zur Folge, dass man sich im Zehnminutentakt abwechselnd einmummeln und ausziehen musste. Überall lag Müll. Boxen mit angeknabberten Garnelenschwänzen, halbleere Wodkabuddeln, Apfelkerngehäuse, Bananenschalen, Kippen ... Eklig! Aber nach einer Weile hatte ich mich an diesen Siff gewöhnt. Er war wie ein eigenes Wesen, ein Bandkollege sozusagen. Und ich wusste ja, dass zu Hause mein kuscheligduftiges Boxspringbett und mein japanischer Satinmorgenmantel auf mich warteten.

Während wir so dahinfuhren, arbeitete ich häufig an Texten. Neben meiner Arbeit in der Agentur schrieb ich noch die Kolumne für den *Stern*, die ich blöderweise immer freitags, wenn wir unterwegs waren, abliefern musste. Das war anstrengend, aber auch witzig, weil ich Karsten und Co. dazu verdammen konnte, Korrektur zu lesen. Und weil alle zu unterschiedlichen Zeiten Hunger hatten oder pinkeln mussten, brauchten wir in der Regel doppelt so lang für alle Strecken, wie Google Maps es uns vorhergesagt hatte. Irgendwann kannte ich jede Autobahnraststätte zwischen Wien und Flensburg, wusste ganz genau, wo man umsonst pinkeln konnte, wo es halbwegs gesunde Snacks gab, wo sich ein warmes Mittagessen lohnte (in Tschechien gibt es zum Beispiel günstig Marder am Spieß to go). Regelmäßig wurden wir von den Bullen angehalten, weil unser Bus mit seiner psychedelischen Deko so verdächtig aussah.

In manchen Nächten kam es dazu, dass wir bis zu zehn Stunden am Stück auf der Bühne standen. Wenn dann kein Klo in der Nähe war, musste ich schon mal heimlich unterm DJ-Pult in einen Putzeimer urinieren, während vor der Bühne bis zu 1000 Leute feierten. Definitiv ein Tiefpunkt im Leben einer jeden stolzen Frau, aber dafür wächst man mit solchen Herausforderungen. Irgendwann konnte mich nichts mehr schocken. Auch während der Shows musste frau stets mit allem rechnen, notfalls auch mal Arschtritte und Platzverweise erteilen. Man wusste eben nie, wie die Leute so drauf waren. Es kam vor, dass wir freitags in einer riesigen Halle vor 3000 Leuten auftraten. Die Veranstalter behandelten uns wie Stars, trugen uns alles hinterher. Raum für Höhenflüge blieb trotzdem nie, weil wir am nächsten Tag sehr wahrscheinlich schon wieder in einer muffigen Goa-Höhle vor 120 Druffis aufspielen mussten. Beides hatte seinen eigenen Reiz.

Nur wenige Leute aus meinem Umfeld hatten Verständnis für mein neues Hobby. Sie hatten mich in einem völlig anderen Kontext erlebt und waren daher der Meinung, dass so ein verrückter Kram nicht zu mir passte. Sie kannten mich als Henriette, die emsige Redakteurin, die mit dicker Brille und Dutt in hohen Schuhen und Kleidchen durch die Büroflure huschte, gerne schick essen ging, in einer blitzsauberen Wohnung wohnte und nichts gegen ein Gläschen Champagner in nettem Ambiente einzuwenden hatte. Aber das war eben nur die Spitze des Eisbergs. Dieselbe Henriette langweilte sich in ihren eigenen vier Wänden manchmal regelrecht zu Tode und entwickelte dann ein unbändiges Bedürfnis, auszubrechen und auf die Kacke zu hauen. Seit meiner Kindheit hatte ich ein Faible für das Absurde und Spaß daran zu provozieren. Gleichzeitig zahlte ich in meine private Altersvorsorge ein und duldete nicht ein Staubkorn auf meinen Regalen. Manchmal lebte ich den verlotterten, destruktiven Lifestyle eines Charles Bukowski und im nächsten Moment machte ich Wellnessurlaub auf Sylt mit meinen Eltern. Der Sonnengruß gehörte genauso zu meinem Alltag wie Pogo zur Musik von System of a Down. Manchmal hatte ich Weltschmerz, wollte etwas verändern. An anderen Tagen interessierte ich mich ausschließlich für Trash-TV. Meine engsten Freunde waren zwischen 28 und 88. Mit den einen schunkelte ich zu Roland Kaiser, philosophierte vorm Kamin über Literatur, Politik und Sex, mit den anderen blieb ich fünf Tage wach auf einem Technofestival. Normal. Ich ging auf Vivaldis *Vier Jahreszeiten* genauso ab wie auf die Tracks von Dr. Peacock.

Ich liebte es, mit inspirierenden Kolleginnen in einem Großraumbüro zu arbeiten, vor einem schicken Mac. Aber genauso gut gefiel es mir, meine kreativen Ergüsse in ein Notizbuch zu kritzeln, während ich in der Sleeper Class von Mumbai nach Delhi flog. Ich konnte übertreuerte Lippenstifte von Chanel geil finden und trotzdem in alternativen Zentren abhängen. Ich konnte Feministin sein und mich dennoch nach den starken Armen eines Mannes sehnen. Auf der Bühne spielte ich die Rolle der durchgeknallten Technohaubitze, im Büro trat ich seriös auf und wollte mit meiner Kompetenz ernst genommen werden. Ich stand manchmal 20 Minuten vor dem Zahnpastaregal und überlegte, welche Tube das beste Preis-Leistungs-Verhältnis aufwies, und verpulverte gleich darauf in der Premium-Weinabteilung ein halbes Monatsgehalt. Manchmal starb ich beinahe vor Einsamkeit, wenn kein cooler Typ in Sichtweite war, und an anderen Tagen ignorierte ich sämtliche Nachrichten potenzieller Verehrer und ging lieber allein ins Tropenhaus, um mir die Schildkröten anzuschauen. Ein Buch über Sex schreiben und privat rote Ohren kriegen, wenn die Freundinnen über ihre letzten One-Night-Stands reden. That's me. Für die eigene Familie jederzeit und unbedingt alles stehen und liegen lassen, aber wenn alles gut ist, auch mal für ungewisse Zeit ins Ausland abhauen? Kam vor.

Ist das nun alles ein Widerspruch in sich? »Nein«, sagt meine Freundin Polly, mit der ich über dieses Thema gesprochen habe. »Du bist einfach eine Frau, die die Welt und ihre unterschiedlichen Menschen liebt. Du ziehst dir aus vielen verschiedenen Bereichen etwas für dich Spannendes und Positives heraus. Für dich ist das Leben bunt und geil, du möchtest es voll auskosten. Du bist das Gegenteil von dogmatisch. Ein Freigeist, der sich nicht in eine Schublade stecken lässt. Gut möglich, dass das für einige schwer greifbar ist. Aber genau das macht dich aus, und wer das nicht schnallt oder wertschätzen kann, KANN DICH MAL.«

In gewisser Weise ähnelten unsere Konzertwochenenden meinen späteren Reisen durch Indien: Für kurze Zeit waren alle Regeln und Normen, die im Alltag von Bedeutung waren, außer Kraft gesetzt.

Die Welt war ein riesengroßer anarchischer Spielplatz, auf dem alles erlaubt war, was Spaß machte. Mit der Zeit fand ich meine Rolle in der Band, durfte Songs singen, auflegen und die Bühnendeko mitgestalten. Heute kann ich sagen: Ich bin stolz auf meine Bandkollegen, die mittlerweile zu meinen engsten Freunden zählen, denn sie erschaffen, sagen und denken großartige Dinge. Aber auch darauf, dass sie mich dabeihaben wollen, meine Ideen miteinbeziehen, auf meinen Rat hören und mir vertrauen.

Mein Büroalltag und die exzessiven Clubnächte ergänzen sich wie Yin und Yang. Der kreative Input ist enorm, wenn du viele unterschiedliche Sachen machst. Montage sind meine neuen Lieblingstage! Nach einem anstrengenden Wochenende im Tourbus genieße ich es immer sehr, mich gemütlich an meinen PC zu setzen und in aller Ruhe an Texten zu feilen.

Viele Menschen neigen dazu, die Arbeit aus ihrem Leben auszuklammern – als einen lästigen Fremdkörper, der sie krank macht, blockiert und daran hindert, ihr wahres Selbst zu entfalten. Sie glauben, dass erst nach Feierabend das wahre, gute Leben beginnt. Freizeit macht uns aber nicht zwangsläufig glücklicher als die Arbeit. Bei allem, was wir tun, sollten wir stets darauf achten, uns nicht von den Erwartungen anderer Menschen irritieren oder leiten zu lassen, sondern unseren eigenen Impulsen folgen und authentisch sein. Logisch, dass einen mit Anfang dreißig andere Sachen interessieren als mit Anfang zwanzig. Dann ist es eben an der Zeit, etwas zu verändern. Es lohnt sich, eigenwillig und mutig zu sein, sich selbst viel zuzutrauen und immer wieder Neues auszuprobieren. Es kommt mir aber auch nicht verkehrt vor, einfach mal zu chillen.

TSCHÜSS, 40-STUNDEN-WOCHE. TAUSCHE FRUST GEGEN FREIHEIT

Die Auftritte mit der Band wurden mit der Zeit immer mehr und größer. Ich musste also allmählich Prioritäten setzen. Zuerst reduzierte ich meine Arbeitszeit als Redakteurin von vier auf drei Tage, dann machte ich mich ganz selbstständig, um endlich maximal flexibel zu sein. Davon hatte ich schon immer geträumt – und davon hatten mir alle möglichen Leute immer nur abgeraten. Diese Unsicherheit! Der Konkurrenzdruck! Die miese Bezahlung! Der Kampf um Aufträge! Die teure private Versicherung! Denk an deine Rente! Anstrengend. Wieso war ich die Einzige, die es als etwas Tolles begriff, unabhängig zu sein? Seit Corona wisst ihr ja alle ungefähr, wie das läuft: bis 11.00 Uhr pennen, nackt vorm Rechner sitzen, und geduscht wird nur, wenn Termine anstehen. Da es mir schwerfällt, mich selbst zu motivieren, arbeite ich so wenig wie möglich. Wissen ja alle: Arbeit nervt, wenn man es damit übertreibt. Zu tun gibt es aber immer genug. Die Kohle reicht, um meine (überteuerte) Miete zu bezahlen und guten Wein zu kaufen. Geschuftet wie ein Pferd habe ich lange genug. Dafür waren die Zwanziger da. Qualität kommt von Qual, hieß es damals. Aber irgendwann ist auch mal gut. Der Vorteil der Dreißiger ist, dass du derbe viel Zeit sparst, weil du mittlerweile schneller, sicherer, besser, eben ein Profi bist.

Die Themen Achtsamkeit, Neuorientierung, reduzierte Stundenzahl und Co. sind ja gerade sehr angesagt. »Guten Morgen!«, kann ich dazu nur sagen. Es freut mich echt für jeden, der irgendwann schnallt, dass Arbeit nicht alles ist. Und sich Überstunden am Ende bloß für dein Unternehmen auszahlen, nicht aber für dein Lebensglück und deine Gesundheit. Wesentlich essenzieller sind ein ausgeglichenes, erfülltes (Privat-)Leben und ein Job, der Spaß macht. Dann kommt das positive Feedback von ganz allein.

Das war mir bereits mit Ende zwanzig klar, als ich in verschiedenen Redaktionen arbeitete, in denen ein ähnlicher Wind wehte wie in *Der Teufel trägt Prada*. Gestresste, hysterische und cholerische Vorgesetzte, die ihre (unerfahrenen) Angestellten auspressten wie Zitronen. Ich bin mit allen Wassern gewaschen, schocken kann mich eigentlich nichts mehr. Seitdem kommen mir die meisten anderen Arbeitsumfelder wie Wellnessoasen vor. Ich lasse nicht mehr alles mit mir machen, ich weiß, was ich kann, und ich achte auf mich. Außerdem setze ich gleichzeitig auf verschiedene Pferde. Wenn dann mal ein Auftraggeber wegfällt oder Ärger macht, brauche ich nicht zu verzweifeln, denn es gibt ja immer noch genug andere tolle Jobs, in die ich meine Kreativität und Energie stecken kann.

Das ist mein berufliches Glücksrezept: Sobald ich merke, dass ich erschöpft bin, mache ich Feierabend. Ich höre auf die Bedürfnisse meines Körpers. Es gibt Tage, an denen mir partout nichts einfällt. Dann lege ich den Stift einfach mal verfrüht nieder, ruhe mich aus und gehe – sofern möglich – zu einem geeigneteren Zeitpunkt umso erfrischter und engagierter ans Werk. Viele machen vor allem in den Jahren um die dreißig einen Denkfehler: Sie wollen um jeden Preis die Karriereleiter emporklettern, ohne dass sie vorher über die möglichen negativen Folgen nachgedacht hätten. Wenn du erst mal der Big Boss bist, verdienst du zwar mehr Geld und genießt Ansehen in der Branche und bei deinem Team, hast aber gleichzeitig auch immer weniger Zeit für die richtig lustigen Dinge im Leben.

Eine schlaue Chefredakteurin hat mal zu mir gesagt: »Irgendwann bist du so gut, dass du es dir leisten kannst, nur noch an drei

Tagen die Woche zu arbeiten.« Das hat mich sofort überzeugt. Mein Steuerberater sieht das etwas kritischer, das erwähne ich ja bereits. Er warnte mich nicht nur vor Depression und Pleite, sondern prophezeite mir gleich zu Beginn meiner Selbstständigkeit: »Das ist ein reines Verlustgeschäft. Du wirst deine ganzen Ersparnisse aufbrauchen!«

Der Gute ist ein alter Bekannter meines Vaters, so um die siebzig. Zweimal im Jahr treffen wir uns im Gartenhaus meiner Eltern. Dann kommen Korn und Cola auf den Tisch. Sein Motto lautet: »Wir schenken dem Staat keinen Cent!« Über meine steuerlichen Angelegenheiten reden wir maximal fünf Minuten. Ich werde gefragt, wie hoch mein Gewinn im vergangenen Jahr war und welche Projekte im kommenden anstehen. Ganz egal, wie meine Antwort ausfällt, auf Applaus brauche ich nicht zu hoffen. Mein Steuerberater betreut seit vielen Jahren eine der bekanntesten und erfolgreichsten Bestsellerautorinnen Deutschlands. Neulich berichtete ich ihm stolz, wie hoch mein Vorschuss für das vorliegende Buch ausfällt. Er verzog keine Miene. »Aha.« Dann zündete er sich eine Zigarette an und holte zu einem Vortrag über die neuesten Erfolge seiner Starmandantin aus. »Unter drei Millionen Euro Vorschuss setzt die sich gar nicht an den Schreibtisch! Ihr Verlag hat sie praktisch angefleht, noch eine Fortsetzung ihres Erfolgskrimis zu schreiben.«

Meine laufenden Projekte tangieren ihn nur peripher. In erster Linie sorgt er sich darum, dass ich pleitegehe – obwohl das abwegig ist, denn ich konnte schon immer ausgezeichnet mit Geld umgehen. Auch mit 500 Euro netto im Monat fühle ICH mich wie Krösus. »Denk dran, dir Geld zurückzulegen. Nicht gleich alles ausgeben«, mahnte mich mein Steuerberater neulich. »Das vergessen viele Selbstständige und nachher ist das Geheule groß. Meine Aufgabe besteht darin, dich vor dem Ruin zu bewahren.« Ein Glück, dass ich davon weiter entfernt bin als Donald Trump von einem Job als Haarmodel.

Auch die meisten meiner Freundinnen und Freunde sahen meine Selbstständigkeit zu Beginn eher als eine Alternative zum Hartzen. »Gib doch zu, dass du einfach 'ne Weile abgammeln willst, Henriette«, sagte mein Kumpel Fabs zu mir. »Das ist voll okay. Bloß tu mir den Gefallen und such dir in spätestens einem halben Jahr wieder einen RICHTIGEN Job. Denk dran, wir wollen im Herbst alle zusammen diese Finca auf Ibiza mieten. Ich könnte es nicht ertragen, wenn du dich den ganzen Urlaub hindurch nur von unseren Gratisbrotkörben ernährst.«

Interessant ist und am Rande angemerkt sei, dass mein privates (Un-)Glück stets direkte Auswirkungen auf die Qualität meiner Texte hat. Meine Freundin Kaja, gleichzeitig mein Nummer-eins-Fan und meine schärfste Kritikerin, nahm in dieser Hinsicht nie ein Blatt vor den Mund: »Henriette, deine Kolumnen werden immer lahmer, seitdem du glücklich verliebt bist. Wird Zeit, dass du mal wieder leidest!« Oder: »Einfach genial, deine neue Kolumne! Siehste, am Ende hat es sich sogar gelohnt, dass dir der Lurch das Herz gebrochen hat.«

Tatsächlich war meine finanzielle Lage nicht ganz so schlimm, wie mein Steuerberater unkte. Schließlich hatte ich in den zwei Jahren zuvor zwei Bücher geschrieben. Nun wollte ich mir den Luxus gönnen, in Ruhe an neuen Ideen zu feilen. Blöderweise ist das Schreiben von ganzen Büchern eine ziemlich nervenaufreibende, kaum planbare Angelegenheit. Wie viele Leute kennen Sie, die schon mal verlauten ließen, auch unbedingt ein Buch schreiben zu wollen? So. Und wie viele von denen haben es tatsächlich durchgezogen? Eben. In erster Linie braucht man starke Nerven. Und Zeit. Die erste Version eines Manuskripts landet grundsätzlich im Papierkorb, die zweite und dritte meistens auch. Und das tut weh. Selbstzweifel und

Panikattacken gehören zum Tagesgeschäft. Das Einzige, was hilft, ist dranbleiben. Absagen nicht persönlich nehmen. Immer weiter an sich arbeiten. Wie gesagt, mir reichen auch mal 500 Euro im Monat. Solange ich ein paarmal im Jahr verreisen kann und keinen Billigsekt trinken muss, bin ich zufrieden. Ich wollte noch nie reich werden, sondern selbstbestimmt über meine Zeit verfügen.

Seitdem ich Freelancer bin, erscheint mir das Konzept der 40-Stunden-Woche erst recht total absurd. Würde ich acht Stunden am Tag arbeiten, könnte ich mir bald eine Villa mit Elbblick leisten. Aber wozu der Stress? Die Präsenzkultur in deutschen Unternehmen finde ich schwachsinnig. Anerkennung dafür zu erwarten, dass man morgens als Erste kommt und abends als Letzte geht, ist schlichtweg bekloppt. Dennoch bin ich wider Erwarten zur digitalen Nomadin mutiert. Obwohl ich davon oft geträumt hatte – eine Strandbar in Goa als Büro. Aber jetzt, da ich keinen Stress mehr habe, fehlt auch das Bedürfnis, in exotische Gefilde zu fliehen.

Ganz anders meine Freundin Märy, die nach einer persönlichen Krise ihr gesamtes Hab und Gut verkauft und gegen einen Bulli eintauscht hat. Sie ist heute auf den Straßen und Campingplätzen dieser Welt zu Hause, gibt von unterwegs Onlinekurse als Achtsamkeitstrainerin, genießt ihre neue Freiheit in vollen Zügen und beschrieb das kürzlich so auf Facebook (@tante.laessig.life): »Mit Mitte zwanzig wollte ich unbedingt seriös sein. Erfolgreich als Berufseinsteigerin in einem Job, für den ich so lange und hart studiert hatte. Dabei unterdrückte ich meine verrückte, kreative Seite komplett. Ich dachte, die passt jetzt nicht mehr zu mir. Mit Anfang dreißig hatte ich dann einen Kurzschluss im Kopf und hinterfragte plötzlich alles. Wofür bin ich eigentlich hier? Was will ich aus meinem Leben machen? Das ging so weit, dass ich für einige Zeit in eine Klinik musste. Ich dachte lange, ich wäre ein labiler Psycho mit 'ner fetten Meise. Aber diese bunte Meise lernte irgendwann fliegen. Manchmal donnert sie noch irgendwo gegen, aber insgesamt macht alles Sinn. Ich bin jetzt seriös plemplem UND professionell.« Ihre Gedanken teilt Märy auf ihrem Blog *LässigLife*. Viele ihrer alten Freunde und Kollegen schütteln den Kopf über ihr modernes Nomadentum. »In deren Augen bin ich eine gescheiterte Existenz. Sicherheitsfanatiker kriegen die Krise, wenn sie mich sehen. Aber mir gibt es ein gutes Gefühl zu wissen, dass ich jederzeit überall hinreisen kann, keinen Ballast mit mir herumschleppe und mich temporär auch mal nur um mich kümmern kann.« Sie ist eine der klügsten Frauen, die ich kenne.

Auch ich fühle mich frei wie eine, äh, Meise, seit ich selbstständig bin. Neulich hatte ich einen Kontrolltermin beim Zahnarzt in einem anderen Stadtviertel. Darauf freute ich mich richtig! Morgens den Wecker stellen, gesellschaftsfähig herrichten und raus in die Welt. Bus fahren. Mit gehetzten Pendlern. Aufregend! Auch Deadlines von Auftraggebern finde ich super. Ein angenehmer Kick sind die. Samstage finde ich mittlerweile stressiger als Wochentage. Innerhalb kürzester Zeit stehen diverse soziale Verpflichtungen an, zumindest wenn nicht gerade Corona ist: Kaffee trinken hier, Grillparty und Verwandtschaftsbesuch da. Aber die ganze Aufregung halte ich immer gut durch, weil ich weiß, dass ein erholsamer Montag vor der Tür steht. Besuche im Fitnessstudio oder Massagen gegen die Rückenschmerzen vom vielen Sitzen vorm PC sind ebenfalls überflüssig geworden, seit ich nicht mehr gezwungen bin, acht Stunden auf meinem Stuhl zu verharren. After-Work-Verabredungen machen mir nicht mehr so viel Spaß. Wieso soll ich mir um 19.00 Uhr einen Gin Tonic reinziehen, wenn ich gar keinen Stress hatte, den es zu kompensieren gilt, und gar nicht über nervige Vorgesetzte ablästern kann?

Es gibt Wochen, in denen ich fröhlich und gerne 14 Stunden pro Tag arbeite, um ein spannendes Projekt voranzutreiben. An anderen Tagen treffe ich mich einfach nur mit anderen Freelancern und wir vertrödeln den Tag zusammen. Dabei entsteht in der Regel die ein oder andere geniale Geschäftsidee. Lohnt sich also irgendwie immer. Da kann man dann die Rechnung für den Avocado-Toast hinterher auch ruhig steuerlich absetzen. Abends besucht mich mein neuer Freund, der in einer völlig anderen Branche tätig ist. Wenn ich gestresst wirke, ermahnt er mich: »So, jetzt reicht's für heute!« – und gießt mir ein Glas Champagner ein. Dafür liebe ich ihn. Er steht jeden Morgen sehr früh auf, deshalb sitze auch ich meistens schon um 8.00 Uhr vorm Laptop. Parallel höre ich die ganze Zeit Musik, um Inspiration für DJ-Sets zu sammeln. Mittags gehe ich an der Elbe spazieren, lese Zeitung und höre Podcasts (ein wichtiger Teil meiner Arbeit – *thank God!*). Wenn nicht gerade Lockdown ist, versuche ich, alle zwei Monate außer Landes zu sein, um mich von fremden Kulturen inspirieren zu lassen. Danach habe ich auch meistens richtig große Lust darauf, mal ein paar Wochen lang einen auf Workaholic zu machen, zum Beispiel um endlich mal dieses Buch hier fertigzukriegen. So, und nun entschuldigt mich, es ist Zeit für mein Mittagsschläfchen …

PLÖTZLICH Z-PROMI.
ODER: ALLES, WAS DU HAST,
HAT IRGENDWANN DICH

Ich sitze im ICE von Hamburg nach Leipzig auf dem Weg zur Buchmesse. Der Geschäftsmann neben mir hat eine große deutsche Boulevardzeitung aufgeschlagen. Er blättert und blättert. Ich halte die Luft an. Theoretisch müsste heute irgendwo ... ACH DU SCHEISSE! Die haben mein Foto allen Ernstes auf einer KOMPLETTEN Seite abgedruckt. Ich schwanke irgendwo zwischen Stolz und blanker Angst.

Alles hatte damit angefangen, dass ich Freunden und der Familie nach einer Reise aus meinen Tagebüchern vorlas. Allesamt lagen lachend am Boden – eine gute Grundlage für ein Buch, dachte ich mir. Also schickte ich meine kreativen Ergüsse an eine Literaturagentin, die mir Dr. Bettina Hennig (sie hatte ich in der Redaktion eines Frauenmagazins kennengelernt) empfohlen hatte. Meine Idee war, die Geschichte einer Frau zu schreiben, die einen sexuellen Selbstfindungstrip rund um den Globus unternimmt – auf der Suche nach dem perfekten Orgasmus. Ich fand, dass dieses Thema in den Medien bisher viel zu stiefmütterlich behandelt worden war. Nun wollte ich hier für Aufklärung sorgen und damit die Leute von Druck und Selbstzweifeln befreien. Die Agentin, die ebenfalls Bettina heißt, ist keine, die dir Honig ums Maul schmiert. Am Telefon teilte sie mir kurz und knapp mit, dass sie fand, ich hätte Talent – und dann half sie mir, ein Exposé auszuarbeiten. Danach ging alles ganz schnell. Innerhalb einer Woche meldeten sich mehrere Verlage, die meine Idee kaufen wollten. Nachdem wir den Deal eingefädelt hatten, hatte ich noch fünf Monate Zeit, um das Ding fertigzustellen. Neben meinem normalen Bürojob wohlgemerkt. Mir blieben nur die Feierabende, die Wochenenden und mein Sommerurlaub, den ich mit meinem damaligen Freund in Italien verbrachte. Vormittags tippte ich, nachmittags bettelte ich ihn an, meine Texte Korrektur zu lesen. Wie Arbeit fühlte es sich nie an. Im Gegenteil, ich hatte Blut geleckt: Hauptberuflich als Schriftstellerin arbeiten – wie geil wäre das denn bitte?!

Meinem Verlag gefiel mein Manuskript auf Anhieb, das Lektorat machte lediglich kleinere Anmerkungen. Das war eine völlig neue, empowernde Erfahrung für mich, weil ich es als Redakteurin gewohnt war, von zig Instanzen kritisiert und manchmal förmlich auseinandergenommen zu werden, ehe meine Artikel zum Druck freigegeben wurden. Das lag vermutlich daran, dass ich mich stilistisch zum ersten Mal nicht verbogen hatte, um einen bestimmten Ton zu treffen und meine Vorgesetzten zufrieden zu stimmen, sondern vollkommen aus dem Bauch heraus geschrieben hatte. Umso verblüffter war ich, als MEIN BUCH einige Monate später von null auf Platz FÜNF der Amazon-Bestsellerliste einstieg, in vielen Unterkategorien auf Platz eins landete und sich insgesamt 13 Wochen unter den Top 15 der *Spiegel*-Bestsellerliste halten konnte. Kranker Scheiß!

Plötzlich hagelte es Interviewanfragen von allen möglichen Zeitungen und Magazinen, Fernseh- und Radiostationen. Die Kritiken waren überwiegend erste Sahne. Überall war mein Foto abgedruckt. Ich machte jedes Mal einen Screenshot, weil ich gar nicht glauben konnte, dass sich so viele Leute für meine Geschichte interessierten und ihren Spaß daran hatten. Mich hatte es schon umgehauen, überhaupt ein Buch schreiben zu dürfen. Nun stand ich auf der Buchmesse vor einem lebensgroßen Plakat meiner selbst, auf dem meine Lesungen angekündigt wurden. Wenn ich das als Teenager geahnt hätte ...

Am Messestand meines Verlags warteten bereits mehrere Fernsehteams auf mich, stundenlang gab ich ein Interview nach dem anderen, ließ mich fotografieren und machte Fotos mit begeisterten Leserinnen und Lesern. Für die kommenden Tage waren mehrere Signierstunden und Lesungen geplant. Parallel explodierte meine Facebook-Seite. Es hagelte Lob, Beleidigungen, Glückwünsche, Anfragen, Drohungen und Angebote. Damit hatte ich nicht gerechnet. Die schiere Masse an Nachrichten und Kommentaren in den sozialen Medien war überwältigend. Vom ehemaligen Mitschüler bis hin zum Rechtspopulisten war alles dabei. Die einen feierten mein Buch als feministischen Befreiungsschlag, die anderen stempelten mich als nymphomanische Irre ab, verurteilten mich für meine offenen Worte. Der Beweis dafür, dass ich einen Nerv getroffen hatte, klar, aber trotzdem war das ein ziemlicher Schock für mich – dieser unverblümte Hass, der mir zum Teil im Netz entgegenschlug. Immerhin bin ich vom Sternzeichen Waage und äußerst harmoniebedürftig. Am späten Nachmittag in meinem Hotelzimmer bekam ich erst mal einen Nervenzusammenbruch und rief unter Tränen meine Schwester an. »Die Leute hassen mich. Mein Buch ist denen zu krass. Die lesen nur ›In 80 Orgasmen um die Welt‹ und denken, ich bin eine Prostituierte oder so was. Dabei geht es genau um das Gegenteil: Ich möchte Frauen helfen, erfüllte Sexualität zu leben, indem ich Aufklärungsarbeit leiste.«

Meine Schwester blieb ganz cool. »Lass dir bloß nichts einreden, Henny. Dein Buch ist großartig. Diese ganzen durchgeknallten Hater haben doch überhaupt nicht kapiert, worum es geht. Was du machst, ist Neofeminismus! Dadurch fühlt sich das Patriarchat bedroht. Manche Typen stecken eben noch im Mittelalter fest. Es gefällt ihnen nicht, dass eine Frau den aktiven Part übernimmt, sich nimmt, was sie will, und so deren Welt ins Wanken bringt. Es war längst überfällig, dass dieses Thema in der Öffentlichkeit diskutiert wird. Schluss mit dem Orgasm-Gap! Pass auf, um diese ganzen Freaks im Netz kümmere ich mich. Du konzentrierst dich ab sofort nur noch auf deine Lesungen, klar?« Und – zack! – hatte ich eine Social-Media-Managerin. »Und, Henny«, sagte meine Schwester noch. »Bitte lass dir das mal auf der Zunge zergehen: Dein Buch steht auf Platz elf der *Spiegel*-Bestsellerliste! Lass dir das nicht kaputtmachen. Von niemandem.«

Meine Schwester sollte recht behalten: Je mehr die Hater im Netz auf mir herumhackten, desto erfolgreicher wurde mein Buch. Und ich begriff, dass jeder Kommentar ein Kompliment war – weil es bedeutete, dass sich Menschen mit meinem Buch auseinandersetzten. Mir fiel ein, was eine schlaue Kollegin stets zu sagen pflegt: »Eine gute Kolumnistin wird immer auch gehasst. Sie darf niemanden kaltlassen, sonst hat sie ihren Job verfehlt.« Also begann ich der Tatsache ins Auge zu blicken: Der weibliche Orgasmus war plötzlich DAS Gesprächsthema in ganz Deutschland. Ein Tabu war gebrochen. Damals, mit 28, wurde mir bewusst, dass ich schon immer eine Feministin gewesen war, ohne jemals ernsthaft über diesen Begriff nachgedacht zu haben. Von klein auf hatte ich dafür gekämpft, dieselben Rechte und Möglichkeiten zu haben wie die Jungs in meinem Alter. Daran konnte ich als Autorin nun aktiv anknüpfen.

Abends fand dann eine Lesung in einer Bar im Rahmen des Literaturfestivals *Leipzig liest* statt. Alle würden da sein. Meine Familie, mein Freundeskreis, mein damaliger Freund, alle wichtigen Leute vom Verlag, diverse Journalisten samt Kamerateams und 150 zahlende Gäste. Unter Zeitdruck schlang ich einen kleinen Salat hinunter. Zeit für professionelles Haaremachen und Make-up blieb nicht. Ich hatte den ganzen Tag Interviews gegeben und war fix und fertig. Knapp schaffte ich es, das satinrote Kleid im Stil der 1970er anzuziehen, das ich mir extra für diesen Abend gekauft hatte – und schon holte mich meine Pressesprecherin ab und brachte mich zum Veranstaltungsort. Vor dem Eingang hatte sich eine Schlange gebildet, die bis zur nächsten Kreuzung reichte! »Wohin wollen die denn alle?«, fragte ich irritiert. »Na, zu dir!«, japste die Pressesprecherin und umarmte mich. »Das ist dein Abend, genieß ihn.«

Das war allerdings leichter gesagt als getan. Was, wenn etwas schieflief? Wenn ich mich vor den ganzen Journalisten bis auf die Knochen blamierte? Vor lauter Angst in Ohnmacht fiel? Verdammt, ich brauchte dringend einen Schnaps! Ich fühlte mich unfassbar glücklich, weil auch Bettina Hennig vor Ort war. Schließlich hatte sie mir damals weitergeholfen. Nun stand sie neben mir im Scheinwerferlicht und drückte liebevoll meinen Arm.

Der Laden platzte aus allen Nähten, die Leute waren gut drauf, tranken Bier und Sekt. Ein Fernsehteam fing die Stimmung ein, Musik spielte. Meine Pressesprecherin bereitete das Mikrofon vor. Ich blickte nervös zu der Sitzecke, in der meine liebsten Menschen saßen und sich neugierig nach allen Seiten umschauten. Kam ja nicht alle Tage vor, dass das eigene Kind beziehungsweise die Freundin von Fernsehkameras umringt war. Alle Augen waren nun auf mich gerichtet – und da passierte das Schlimmste, was einem in so einer Situation passieren kann: Ich spürte, wie mir die Tränen kamen. Die GANZE SITUATION war zu viel für meine NERVEN! Ich hatte so etwas doch noch nie erlebt, war übermüdet. Das war schlichtweg überwältigend. Damit kam ich in dem Moment nicht klar. Ich schluckte trocken, meine Unterlippe bebte. Verzweifelt kniff ich mir zur Ablenkung selbst fest in den Arm. Ich konnte doch jetzt unmöglich an meinem Lesepult vor laufenden Fernsehkameras in Tränen ausbrechen. Fuck, fuck, fuck. Mit wenig Stimme krächzte ich in Richtung Bettina: »Ich. Muss. Gleich. Losheulen.«

Sie reagierte sofort, gab der Kellnerin ein Zeichen und fünf Sekunden später hatte ich ein Glas Sekt in der Hand. »Hier, meine Süße. Trink. Auf ex. Ganz ruhig atmen. Das ist DEIN Abend. Du entscheidest, wann es losgeht. Nimm dir deine Zeit.« Ich nickte und leerte die Flöte in einem Zug. Scheiß drauf! »Noch einen«, zischte Bettina der Kellnerin zu. Das tat gut. »So«, sagte Bettina dann und stellte sich erneut an meine Seite. »Und jetzt wirst du diese Lesung rocken, Henriette!«

Ich nickte wieder und gab der Technik ein Zeichen. Die Musik ging aus, Beifall ertönte. Ich begrüßte die Menschen, riss spontan ein paar ziemlich gute Gags – und die Leute lachten und applaudierten. In ihren Augen konnte ich erkennen, dass sie mich mochten und sich auf den Abend freuten. Also legte ich los. Und was soll ich sagen?! Die Lesung hätte nicht besser laufen können. So kam es, dass ich die folgenden Tage im Fokus der Öffentlichkeit nicht nur ganz anständig meisterte, sondern auch genießen konnte.

Viele Monate ging es so weiter. Ich wurde in Talkshows eingeladen, für Lesungen und Vorträge angefragt. Nach Feierabend pirschte ich manchmal ungläubig durch die Buchhandlungen und besuchte meine »Babys«. Kurz nach der Buchmesse kaufte eine Produktionsfirma sogar die Filmrechte und ich durfte am Drehbuch mitarbeiten. Maria Furtwängler hatte in dieser Phase bereits zugesagt, meine Mutter in dem Streifen zu spielen, auch Nora Tschirner war für eine Rolle vorgesehen. Leider war es gar nicht so einfach, an Fördergelder zu kommen, und nach vier Jahren verlief das Projekt im Sand. Meine Mutter erzählt aber bis heute noch gerne die Geschichte, dass sie fast mal von Maria Furtwängler in einem Kinofilm dargestellt worden wäre. Kurz darauf erschien *Achtung, ich komme!* auch als Hör- und Taschenbuch, auf Polnisch (*Uwaga, dochodzę!*) und sogar auf Türkisch (*Mutlu Son*). Hier wurde allerdings eine kritische Passage über den türkischen Präsidenten Erdoğan gestrichen. Keine

Ahnung, was das türkische Lektorat sonst noch alles herausgenommen oder geändert hat, in jedem Fall ist die türkische Übersetzung deutlich dünner als das Original.

Es war eine aufregende Zeit, in der ich all meine Energie in die Pressearbeit steckte, um meine Botschaft bestmöglich nach außen zu transportieren und als Autorin ernst genommen zu werden. Gleichzeitig stieg der Druck von außen, weil sich plötzlich alle möglichen Leute einmischten. Mein Steuerberater fand, dass ich mir von meinem Honorar eine Eigentumswohnung kaufen sollte – »bevor du alles ausgibst und am Ende ohne alles dastehst«. Medienaffine Freunde schimpften: »Wieso zur Hölle hast du immer noch kein Instagram-Profil? Jeder Follower ist heute bares Geld wert!« Auch meine Agentin saß auf glühenden Kohlen: »Du musst jetzt ganz schnell noch ein Buch schreiben – sonst vergessen dich die Leser!«

Irgendwann hatte ich die Schnauze voll. All das entsprach nicht meiner Lebensphilosophie. Ich wollte schreiben, sonst nichts. Wenngleich ich den Erfolg, die Aufmerksamkeit, die vielen aufregenden Interviews genoss, spürte ich, dass ich keine Lust hatte, ab sofort mein gesamtes Leben auf eine Karriere als Schriftstellerin auszulegen. Meine Band war mir genauso wichtig! Ich war keine 20 mehr und hatte meine Prioritäten längst neu sortiert. Das Kind in mir wollte ausreichend chillen. Und neben dem Schreiben wollte ich Zeit für meinen Freundeskreis, die Familie, meinen Partner und die Band haben. Einen konkreten Karriereplan hatte ich nie gehabt, stattdessen war ich immer sehr offen durch die Welt gegangen und hatte geschaut, wo sich Chancen boten.

Hinzu kam, dass ich gerade das Buch *Die 4-Stunden-Woche* von Timothy Ferriss gelesen hatte. Er glaubt, dass die meisten Menschen gar keinen Wert darauf legen würden, Millionär zu sein. Sie träumten vielmehr von einem völlig freien Leben, das dieses Geld ihnen ermöglichen sollte. Das Buch handelt davon, wie Ferriss Einkommen und Zeit entkoppelt, dabei seinen Lebensstil findet, um die Welt reist »und das Beste genießt, was dieser Planet zu bieten hat«.[25] Er plädiert für »Erholungsperioden und Abenteuer in regelmäßigen Abständen« statt Frührente.[26] Nach dieser Philosophie wollte ich nun auch endlich leben, denn sie klang verlockend. Ich wollte Dinge tun, die mir Spaß machten, statt mein ganzes Geld für irgendwelche überflüssigen Luxusgegenstände aus dem Fenster zu werfen, die mich im Grunde bloß für den alltäglichen Stress entschädigen sollten.

Und so hätte ich kaum glücklicher sein können, als mir der *Stern* kurz darauf anbot, fortan zweimal pro Woche zwei verschiedene Kolumnen für das Nachrichtenmagazin zu schreiben, und das als sogenannte *Stern*-Stimme. Das war: ein Sechser im Lotto. Nicht weil ich so gut bezahlt wurde, sondern weil ich fortan allein von diesem Job würde leben können, wenn ich wollte – und meine Texte konnte ich von überall auf der Welt verschicken. Als Nächstes buchte ich ein Ticket nach Indien, wo ich auf unbestimmte Zeit verweilen wollte, um an neuen Texten zu feilen, mich inspirieren zu lassen und vielleicht die ein oder andere Goa-Party im Dschungel zu besuchen.

KUHPISSE. ODER: VERTRAU DEM UNIVERSUM

Manchmal braucht es weder eine Familienaufstellung noch eine Darmspülung, Beförderung, Valium, Brustvergrößerung oder Traumhochzeit, um endlich der Mensch zu werden, der man schon immer sein wollte. Indien hilft. Gegen Liebeskummer, Selbstzweifel, Langeweile, Sinnkrise, Einsamkeit, Stock im Arsch, Abhängigkeit, innere Leere, Übellaunigkeit, Schüchternheit, Unwissenheit, negative Vibes und sogar gegen Kopfschmerzen. Eine Reise dorthin ist das ultimative Allheilmittel gegen (fast) ALLES und jeder Aufenthalt hat mir zu mehr Gelassenheit, Demut, Kreativität, Dankbarkeit, Mut, Enthusiasmus – und Erfolg verholfen. Mal sehen, ob es dieses Mal wieder klappte.

Am Flughafen von Neu-Delhi fühle ich mich wie Ernest Hemingway, als sich der Beamte am Visa-Schalter nach meinem Beruf erkundigt: »What's your profession?«

»I'm a writer.«

»What kind of writer?«

»Novels.«

»Oh, nice! What's the name of your novel?«

»Öhm … It's called *Attention, here I am! In eighty orgasms around the world.*«

Er: »Oh.« Kurzes Räuspern. Nervöses, irritiertes Lächeln. Stirn mit Taschentuch abtupfen. »Okay. Thank you. Have a nice trip.«

Damit bin ich vorläufig am Ziel meiner Träume angelangt. In den kommenden vier Wochen werde ich nichts weiter tun, als mich inspirieren zu lassen und zu schreiben. An meine Unterkünfte stelle ich lediglich eine Anforderung: Sie sollen über einen Schreibtisch mit einer inspirierenden Aussicht verfügen. Auf das Meer, den Ganges, die Berge. Mehr brauche ich nicht, um mich wie eine Königin zu fühlen.

Ich sitze auf der Dachterrasse des Hotels *Lake View* in Pushkar, einer kleinen, ziemlich heiligen Stadt im nordindischen Rajasthan, und schaue auf das Treiben am Seeufer. Auf den Ghats vor den Tempeln tummeln sich Gläubige in bunten Gewändern, setzen Blumen und Kerzen ins Wasser. Früher machten in Pushkar Kamelkarawanen halt, ihr letzter Stopp vor der Wüste. Das Kite-Festival ist seit Tagen in vollem Gang, überall lassen Menschen auf ihren Dächern bunte Papierdrachen steigen. Aus sämtlichen Haushalten dröhnt laute Hindumusik. Die totale Reizüberflutung! Genau das Richtige für mich, denn so kann ich meine wirren Gedankengänge wenigstens nicht hören. Ich habe absolut keine Ahnung, was ich als Nächstes mit meinem Leben anstellen soll.

Am Nebentisch sitzt ein Mann, der mich in ein Gespräch verwickelt und sich gleich im dritten Satz als geläuterter Ex-Heroinjunkie auf (bislang) zehnjähriger Weltreise outet. Keith ist 54, kommt aus Israel und sieht aus wie die ungesunde Version des Schauspielers Jeff Goldblum. Hagere Statur, Brille, ölige Löckchen, durchdringender Blick. Offenbar fühlt Keith sich dazu berufen, mir zu erklären, wie Leben geht. Ob er mir meine Orientierungslosigkeit anmerkt? Keith sagt, dass uns ANGST alles versauen würde. Angst davor, ohne Arbeit, Geld, Haus, Macht, Ansehen dazustehen. Diese Ängste machen alles zunichte. »Du kannst auch reisen, ohne es dir durch das Schreiben zu finanzieren – indem du einfach losläufst«, sagt er zu mir. Wer sich selbst bedaure und sich ständig einrede: »Poor me, I have a poor life«, auf den würde diese Beschreibung auch irgendwann zutreffen. Wer aber denke: »Happy me, I have a happy life«, der würde glücklich werden. Über Tod, Krankheit, Gemeinheiten, Unfälle, über all das solle man lächeln und sagen: So ist das Leben, schön, dass ich dabei bin! Und wenn jemand gemein zu dir ist, sollst du es an dir abprallen lassen. Denn wenn du dir erlaubst, dich über die Existenz eines anderen Menschen zu ärgern, lebst du nach dessen Regeln und damit sein Leben. Das sei dumm, erklärt er mir. Und fragt ganz nebenbei: »Morgen fahre ich in einen Nationalpark bei Delhi und treffe mich dort mit anderen Ex-Junkies. Da findet so eine Art Selbsthilfekongress statt. Willst du mitkommen?«

Nach einer kurzen Pause erzählt Keith mir, dass er mit 38 clean geworden sei. Dank seiner Erfahrungen mit Heroin sehe er das ganze Leben heute als »addiction«. Die größte Abhängigkeit, die wir im Leben hätten, sei unser Job – weil wir uns über ihn definierten. Alle würden sich Sorgen darüber machen, was ohne Job noch von ihnen übrig wäre. Was sie darstellen würden. »Komisch, dass all meine Freunde, die einen Topjob, Haus und Kinder haben, immer zu mir, dem Wanderer ohne festen Wohnsitz, sagen, wie glücklich ich mich doch schätzen kann, so frei und ungebunden zu sein.« Ich nicke ihm lächelnd zu.

Die Drachen fliegen. Noch weiß ich nicht, wie lange ich in Pushkar bleiben werde, denn zu Hause wartet nichts auf mich. Ein junger Inder in weiten Schlaghosen nimmt am Nebentisch Platz. Er nickt Keith zu, die beiden scheinen sich zu kennen. »Das ist Bhanu, der beste Tuk-Tuk-Fahrer in ganz Indien!« Bhanu lächelt verlegen. »Komm her, setz dich zu uns, mein Bruder«, flötet Keith. Als Nächstes fragt er mich: »Wusstest du, dass Kuhscheiße in Indien heilig ist? Kühe werden hier als Mütter verehrt. Sie dürfen überall frei herumlaufen, fressen, was ihnen vor die Nase kommt, und eben auch überall hinscheißen.« Ich nicke anerkennend. Bhanu ergänzt eifrig: »Ihre Ausscheidungen werden als etwas Göttliches verehrt, obwohl sie die ganze Umwelt verseuchen. Gott ist in allem. Wir sehen den Mist als Gabe, weil er für die Landbevölkerung als Brennmaterial oder Bindemittel beim Hausbau dient. Auch der Urin von Kühen hat heilende Wirkung, er hilft gut gegen Zahnschmerzen. Außerdem hat er eine sakrale Bedeutung: Jeder zum Hinduismus Bekehrte wird mit Urin bespritzt!« Interessant.

Ich mache mir dazu so meine eigenen Gedanken: Vieles ist gar nicht so schlimm, wie es auf den ersten Blick scheint, und selbst das größte Drama hat oft irgendeinen positiven Nebeneffekt. »Alles geschieht aus einem bestimmten Grund«, sagt Bhanu mit leuchtenden Augen. Das habe er sich sogar gesagt, als im letzten Jahr seine Mutter von einem Lkw überrollt wurde. »Vielleicht hat sie das vor noch viel größeren Schmerzen bewahrt!« Ich bin kurz mal baff. Keith faltet zufrieden die Hände hinter seinem Kopf und schaut vielsagend in Richtung See. »Vertrau einfach dem Universum. Das weiß, was es tut.« Okay, denke ich, ich werde es versuchen.

LIEBE UND WAHN-SINN...

… liegen nah beieinander

Eine Freundin aus Neukölln sagt immer: »In Berlin verliebst du dich alle vier Wochen neu und wirst alle vier Wochen wieder verlassen.« Im Moment genüge es ihr, 76 Matches bei Tinder zu haben und ab und zu im *KitKat* auf die Kacke zu hauen. Die Idee dahinter: Wer sich nie richtig verliebt, kann auch nicht verletzt werden. Wer allerdings auch nie etwas für die Liebe riskiert, hat auch keinerlei Chance auf den ultimativen Hauptgewinn – wahre Vertrautheit. Aber woher sollen wir wissen, welche Liebe die richtige für uns ist? Was, wenn uns unser Liebesleben zuverlässig in den Wahnsinn treibt? Wir ohne Partner oder Partnerin besser dran sind? Was braucht es, damit wir uns selbst genug sind? Wird es einfacher, wenn die Rushhour des Lebens vorbei ist? Und falls es dann doch mal klappen sollte: Wie schaffen wir es, nicht gleich alles wieder zu verkacken – vor lauter Angst, Panik und Selbstzweifeln?

MEIN ERSTER EINGEBILDETER FESTER FREUND

Mein erster eingebildeter fester Freund wurde in der vierten Klasse unangekündigt nach Kroatien abgeschoben. Gerade hatte ich einen Liebesbrief an ihn geschrieben, den mir ein Mitschüler aus dem Rucksack gestohlen und vor der gesamten Klasse vorgelesen hatte. Es war einer der peinlichsten Momente meines Lebens. Mindestens drei Wochen lang lief ich mit knallrotem Kopf durch die Gegend. Jedes Mal wenn mir mein Angebeteter über den Weg lief, der wirklich ein ganz lieber und toller Junge war, spie ich verzweifelt irgendwelche Beleidigungen in seine Richtung. Auf diese Weise wollte ich vermeintlich unter Beweis stellen, dass mein Liebesbrief absolut nicht ernst gemeint sein konnte. Ich war halt erst neun Jahre alt und wusste beim besten Willen nicht, wie ich mit meinen Gefühlen sonst umgehen sollte.

Deshalb war ich auch erst mal ganz froh, als Mateo plötzlich wegmusste. Die traurigen Umstände verstand ich nicht. Der Jugoslawienkrieg war vorbei, seine Familie musste zurück nach Zagreb. Armer Mateo. Er sprach perfekt Deutsch und schrieb gute Noten, besonders Mathe lag ihm. An seinem letzten Tag liefen wir zusammen mit ein paar anderen aus unserer Klasse nach Hause. Mein Liebster bog irgendwann allein in seine Straße ein. Niemals werde ich vergessen, wie er uns mit seinen großen braunen Augen anschaute und traurig zuwinkte. Und was tat ich? Ich, die ihn so sehr liebte? Ich quiekte: »Endlich sind wir dich los!« Mateo lächelte schwach. Er war ein schlauer Junge. Deshalb wusste er ganz sicher, dass ich das nicht so gemeint haben konnte, sondern vielmehr eine verkappte Liebeserklärung hervorgebracht hatte, die übersetzt in etwa bedeutete: »Ich werde dich schrecklich vermissen!« (Böse Zungen behaupten übrigens, dass ich heute immer noch dermaßen schlecht flirte …)

Die Jahre vergingen, ich dachte nicht mehr so häufig an Mateo, irgendwann gar nicht mehr. Bis er eines Tages wieder da war! Wir waren mittlerweile 15, ich ging aufs Gymnasium in der Stadt, er auf die Hauptschule in unserem Dorf. ER rauchte und trug eine schwere schwarze Lederjacke. Sah wesentlich älter als 15 aus, gezeichnet von dem, was er erlebt hatte. Wir nickten einander höflich zu, zu sagen hatten wir uns erst mal nichts. Irgendwann sprachen wir mal kurz im Bus, aber ich kam nicht mehr an Mateo heran. Er war hart geworden, wütend. Obwohl ich zugeben musste, dass er immer noch sehr gut aussah. Aber das reichte nicht. Das Letzte, was ich mitbekam, war, dass er heiratete, seine zwei Kinder geboren wurden und er mit seiner Familie in unserem Dorf wohnen blieb. Ach Mateo, was wohl aus uns geworden wäre, wenn du damals nicht hättest gehen müssen …

Danach gestaltete sich mein Liebesleben weiterhin eher sperrig. Vereinzelte Mitschülerinnen hatten mit zwölf ihren ersten Boyfriend. Ich wollte mithalten, also dachte ich mir in den Sommerferien einen aus, den ich angeblich im Urlaub auf Gran Canaria kennen- und lieben gelernt hatte. Mein zweiter erfundener Freund hieß also Marc. Ein reines Hirngespinst. Das ging so weit, dass ich mir selbst Liebesbriefe schrieb und diese stolz meinen Freundinnen präsentierte. Natürlich hatte ich ein paar echte Verehrer, zum Beispiel Thorsten, der seine Sommerferien erfolglos in einem Fettcamp verbracht hatte. Er war eigentlich ganz süß, allerdings konnte ich es mir aus gesellschaftlichen Gründen nicht leisten, mich auf ihn einzulassen. Mit zwölf ist man froh, wenn man nicht unnötig Aufmerksamkeit auf sich zieht.

Einer von den Coolen war Fadi, so ein schnuckeliger Portugiese aus der Parallelklasse. Alle um mich herum wussten: Ich stand auf ihn. So kam es, dass man mich irgendwann dazu anstiftete, in der großen Pause auf ihn zuzugehen – und ihm DIE Frage zu stellen. Ich eierte also in Begleitung meiner GESAMTEN, hoch amüsierten Klasse über den Schulhof zum Basketballfeld – links und rechts bei Freundinnen eingehakt, die mir gut zuredeten und mich anfeuerten – schnurstracks auf Fadi zu. Bei ihm angekommen, nahm ich all meinen Mut zusammen und ließ die bedeutendste aller Fragen aus meinem bezahnspangten Mund fallen: »Fadi, willst du mit mir gehen?« Seine Antwort war so vage wie diplomatisch: »Ja, nächste Pause.« Ich lief hochrot an und schaute mich verunsichert zu der Meute hinter mir um, aber es erscholl Jubel: »Yeah, Henriette hat endlich einen Freund!« (Genau dasselbe würde mein Freundeskreis heute vermutlich auch sagen ...)

Fadi zwinkerte mir zu und dribbelte dann unbeirrt weiter. Ich zwinkerte zurück, machte auf dem Absatz kehrt und ließ mich unter Glückwünschen von allen zurück ins Klassenzimmer geleiten. Was für ein Erfolg! Jetzt war ich quasi erwachsen. Eine begehrenswerte Frau, die demnächst ihren ersten Zungenkuss erleben würde. Im Unterricht schwebte ich wie auf Wolken, malte die ganze Zeit Herzchen in mein Matheheft. Gleichzeitig war ich völlig überfordert mit der Frage, wie es jetzt wohl mit Fadi und mir weitergehen würde, nein, vielmehr musste. In den darauffolgenden Tagen und Wochen redete ich vor lauter Aufregung kein einziges Wort mit meinem »Freund«. Wir lächelten uns bloß verstohlen durch den Klassenraum hinweg an, wenn wir einen gemeinsamen Kurs hatten. Jedes Mal wenn Fadi eine Aufgabe korrekt löste, stupste mich mein Sitznachbar fröhlich in die Seite: »Dein FREUND ist echt gut!« In solchen Momenten lief ich immer wieder knallrot an und alle lachten.

Zu dieser Zeit spielte ich in einer Mädchenmannschaft Tischtennis in der Kreisliga. Wir waren ziemlich gut, fuhren regelmäßig zu Turnieren und trainierten zwei- bis dreimal die Woche zusammen. Ich war die Außenseiterin in unserer Mannschaft, weil ich zwei Jahre jünger war als die anderen, die alle schon richtige Brüste hatten und alles benutzten, was frau an Schminke so in die Finger kriegen konnte. Ich hingegen sah aus wie ein kleiner Pumuckl, steckte knietief in der Pubertät. Verpickelt, blass und mit einer Zahnspange versehen, hasste ich meinen sich allmählich entwickelnden Körper. Eines Tages platzte Kristin, ein frühreifes Früchtchen mit blauem Lidschatten und falschen Klebetattoos im Dekolleté, in der Umkleidekabine mit den Schock-News heraus: »Ich habe einen neuen Freund, hihi.« Dreimal dürft ihr raten, wie der hieß. Fadi! »Aber … das ist doch MEIN Freund!«, stotterte ich. Die anderen Mädchen musterten mich ungläubig. Ihre Gedanken standen ihnen förmlich auf der Stirn geschrieben: »Was soll er denn mit dir, wenn er SIE haben kann?!« Kristin brachte es noch deutlicher auf den Punkt: »Dann schätze ich mal, er WAR dein Freund. Wir haben uns jedenfalls gestern an der Bushaltestelle geküsst.«

Ich nahm es hin. Man muss wissen, wann man verloren hat. Dieses Flittchen hatte definitiv mehr zu bieten als ich. Sie schien immerhin dazu in der Lage zu sein, ein richtiges Date mit einem Typen zu vereinbaren. Pech gehabt, Fadi. Warte nur mal ab, was für ein heißer Feger ich sein werde, sobald ich diese gottverdammte Pubertät endlich im Griff habe und nicht umgekehrt, dachte ich. Danach übte ich Schmetterbälle. Einen davon knallte ich Kristin »versehentlich« auf die Muschi. Sie quiekte vor Schmerz. Jahre später begegnete ich Fadi einmal zufällig in unserer Dorfdisco wieder. Ich war cool zurechtgemacht und hatte meinen neuen Freund, den Gitarristen einer stadtbekannten Punkband, im Schlepptau. Fadi schaute mir bewundernd hinterher. Kristin, so hörte ich, soll mittlerweile eine alkoholkranke alleinerziehende Mutter von fünf ungeratenen Gören sein. Und Fadi fett.

Wer nun allerdings glaubt, dass ich damit meine schlimmsten verwirrendsten Jahre als Frau hinter mir hatte, der irrt: Heute bin ich der Meinung, dass die Dreißiger so etwas wie die zweite Pubertät einer jeden Frau sind. Plötzlich ist alles wieder komplett neu, Gefühlschaos an allen Fronten. Du fühlst dich verunsichert und Männer sind dir plötzlich fremder denn je. Aber wenigstens hast du genügend Geld für gutes Make-up, Moët und Handtaschen von Marc Jacobs.

»ONLY YOU?!« – NEULICH IN MAROKKO, TEIL 1

Zur Orientierung und zur Erholung flog ich mit 32 erst mal alleine in den Urlaub nach Marrakesch. Dieser Ort aus 1001 Nacht erschien mir perfekt, um auf andere Gedanken zu kommen und Klarheit zu gewinnen. Ich verreise gerne und häufig allein. Ganz unabhängig davon, ob ich gerade mit jemandem zusammen bin oder nicht. Es hilft mir, meine Prioritäten und Bedürfnisse neu zu sortieren, Bilanz zu ziehen und Inspiration zu tanken. Allerdings merkte ich in Marokko schnell, dass ich vor Ort als Alleinreisende starke Nerven brauchte. Eine Frage, die mir während meines Aufenthalts mehrmals täglich gestellt wurde, lautete: »ONLY YOU?!« Egal ob Kellner, Concierge oder Putzfrau, alle waren irgendwie irritiert, dass ich es mir am Pool oder im Restaurant ganz selbstverständlich allein gemütlich machte. Als ob das so absurd wäre. In Deutschland lebten 2019 immerhin fast 18 Millionen Singles.[27] Sollen die etwa alle in ihren Buden versauern? Ein paarmal war ich kurz davor, auf das ewige »Only you?!« zu entgegnen: »Not ONLY me. It's ME and that's perfect.« Das sahen die marokkanischen Männer offenbar ähnlich. Beim Spazierengehen bremste ein besonders hartnäckiger Verehrer mit seiner Karre direkt neben mir ab, stieg aus und lief mir nach: »Bitte gib mir deine Nummer!« Aufdringlich. Unangenehm ... Andererseits: Auf solch flammende Aktionen kann man in Deutschland lange warten. In Marokko riskieren die Männer wenigstens einen Korb. Dafür meinen Respekt.

An einem Tag buchte ich mir einen Fahrer, der mich ans Meer bringen sollte. Vier Stunden reichten aus, um ALLES über Ibrahim zu erfahren – ob ich wollte oder nicht. Der Gute war 39, Berber, frisch geschieden, hatte zwei Kinder, sieben Brüder und sein größter Traum war ein Harem mit MINDESTENS drei Frauen. »In Marokko darfst du drei oder vier Ehefrauen gleichzeitig haben«, erklärte er mir. Dann könne er jede Nacht mit einer anderen schlafen. »Du könntest eine davon sein«, bot er mir höflich an. Wenngleich seine Traumfrau, wie er sagte, am liebsten dreimal so fett sein sollte wie ich. Ich sei ja weder dürr noch fett, eher so mittel, das sei ihm zu wenig. Ich fühlte mich geschmeichelt.

Während wir bei Sonnenuntergang durch die Wüste bretterten, philosophierte Ibrahim weiter über seine Vorstellung von einem perfekten Leben: »Alle drei Tage sollte man mindestens Sex haben.«

Ich lachte. »In Deutschland gibt es Paare, die schlafen nur einmal im Jahr miteinander.«

Da legte Ibrahim eine Vollbremsung hin. »Einmal im Jahr?« Er konnte es nicht fassen. »Einmal pro Woche ist das absolute Minimum. Sonst werde ich krank!« Verzweifelt blickte er mich an.

»Dann such dir lieber schnell eine neue Ehefrau«, empfahl ich ihm und hob abwehrend die Hände.

»Nicht so einfach«, stöhnte Ibrahim. »Weißt du, ich hasse Frauen, die viel arbeiten. Ich will lieber eine, die zu Hause ist und auf mich wartet. Aber das muss man sich erst mal leisten können!«

Damit war endgültig klar, dass aus uns beiden definitiv nichts werden würde. An meinem letzten Tag nahm ich Abschied von den Angestellten im Hotel. Eine Reinigungskraft, die ich immer freundlich gegrüßt hatte, griff spontan nach meinen Händen und rief mit feuchten Augen: »I hope you will find a good husband, inschallah!« Na super. Auf Respekt, weil ich mir als unabhängige Frau allein einen tollen Urlaub leisten konnte, würde ich hier offenbar lange warten müssen. Na ja, was soll's. Dafür hatte ich in Marokko gute Geschichten gesammelt.

ICH WERDE HIER GLEICH WAHNSINNIG ... GLÜCKLICH?

Manche Leute neigen dazu, in jeder Lebenslage den kompliziertesten Weg einzuschlagen. Andere sind schlauer und wählen stets den Pfad des geringsten Widerstands, auch in der Liebe. David Guetta zum Beispiel verriet kürzlich in der Talkshow *Late Night Berlin* das Geheimnis seiner glücklichen Beziehung. »Zwischen meiner Freundin und mir läuft es so gut, weil sie in einem anderen Land wohnt«, berichtete der 52-jährige Star-DJ freudestrahlend. »Wir sprechen nicht mal dieselbe Sprache! Wir streiten uns nicht, weil wir uns so selten sehen. Das ist das Geheimnis. Versuche, jemanden zu finden, der nicht deine Sprache spricht und auch nicht mit dir zusammenwohnt!«[28]

Ha. Genial. Hätte ich das mal gewusst, bevor ich mit meinem Ex-Freund zusammenzog. Man kann mir nicht vorwerfen, dass ich es nicht wenigstens probiert hätte. Oh, und wie! Den ersten Fehler machte ich gleich zu Beginn: Ich hatte mit 29 das Gefühl, es sei allmählich mal angebracht, diesen Schritt zu gehen, um unsere Beziehung aufs nächste Level zu heben. Dabei waren wir noch nicht mal von selbst auf die Idee gekommen, nach drei Jahren Love, Peace and Harmony unsere beiden Hausstände zusammenzuschmeißen. Vielmehr ergab sich durch Zufall die Chance, die riesengroße, traumhaft schöne Wohnung eines Bekannten zu übernehmen. Zum absoluten Freundschaftspreis. In Toplage. Wir hätten also gar nicht Nein sagen können. Das Angebot war zu gut. Wir würden für die gleiche Miete statt in unseren beiden Schrottbuden in einem pornösen Luxusloft leben. Trotzdem hatte ich ein komisches Bauchgefühl.

Je näher der Umzug rückte, desto unruhiger wurde ich. War ich wirklich schon bereit für diesen Schritt? Wollte ich wirklich meine Freiheit, meine Unabhängigkeit, das Alleinwohnen aufgeben? Ich liebte es, meine kleine Wohnung nur für mich zu haben, dort in Ruhe zu arbeiten und meinen Freund ein paar Tage gar nicht zu sehen. Offenbar war ich ein kleiner eigenbrötlerischer Kauz, der leichte Panikattacken bei dem Gedanken bekam, fortan dauerhaft Tisch, Bett und Stuhl mit einem Mann, MEINEM Mann zu teilen. Das Ganze hatte so etwas ... Endgültiges. Ich war mir in meinem tiefsten Inneren nicht sicher, ob ich mich mit 29 schon so krass festlegen wollte. Mein Instinkt sagte mir: Tu es nicht! Aber das Gehirn arbeitete fleißig dagegen: Doch, du musst das jetzt ausprobieren. ALLE tun es. Ihr liebt euch doch. Dieser Mann ist perfekt für dich. Warum solltet ihr nicht bis zu eurem Lebensende glücklich miteinander sein? Der Rest meines Lebens sollte jetzt beginnen. Und genau das machte mich halb wahnsinnig.

Immer wenn ich in meinem Leben etwas getan habe, von dem ich dachte, das macht man so, das muss so sein, dafür gibt es Applaus von den anderen, bin ich früher oder später auf die Fresse gefallen. Ganz egal, ob es um LSD, studieren, eine 40-Stunden-Woche für ein und denselben Job oder Beziehungen ging. Und so war es auch dieses Mal. Mein Freund und ich feierten nach einem nervenaufreibenden Umzug erst mal eine Einweihungsparty, zu der wir alle unsere Freunde und die gesamten Familien einluden. Zuvor hatte ich alles perfekt hergerichtet. Jedes Kunstwerk hing an seinem Platz, die neuen Vorhänge waren farblich auf die todschicke Couch und die Teppiche abgestimmt, überall brannten Kerzen und der Champagner wurde eisgekühlt serviert. Es war das reinste Theater. Und wir spielten: klassisches Pärchen. Dabei überzeugten in unseren Rollen weder ich noch mein Freund. Er war im Herzen immer ein Punk geblieben, und heute glaube ich, dass er damals nur mir zuliebe in diese Wohnung zog. Weil er dachte, dass ich das alles brauche. Und ich auch. Unsere Besucher lobten sogleich unsere geschmackvolle Einrichtung. »Da ist ja sogar schon ein Kinderzimmer«, freute sich irgendjemand, obwohl in dem Raum unsere Plattensammlung eingelagert war. »Hier werdet ihr für immer glücklich leben und eine Familie gründen«, gurrte irgendeine Verwandte. Aber wie heißt es so schön? Wenn Erwachsene »für immer« sagen, meinen sie meistens nur sehr, sehr lange. In unserem Fall kam es nicht mal dazu. Bereits nach drei Monaten hatten mein Freund und ich uns dermaßen verkracht – weil unsere Vorstellungen von einem gelungenen Zusammenleben vollkommen auseinanderdrifteten –, dass ich meine Siebensachen packte und erst mal auf ein einwöchiges Technofestival fuhr. Nachdem ich drei Tage wach gefeiert und mir meinen Liebeskummer von der Seele getanzt hatte, wusste ich, dass meine Entscheidung die richtige gewesen war. Ich kam wieder bei mir an. Fühlte mich wild, auf mich allein gestellt, frei wie ein (komischer) Vogel. Das brauchte ich wohl irgendwie. Das Schöne ist, dass mein damaliger Freund und ich heute die besten Freunde und Nachbarn sind. Kaum ein Mensch liegt mir mehr am Herzen. Wir kommen einfach besser miteinander aus, wenn wir uns nicht ständig mit den nervigen Angewohnheiten und Manien des anderen auseinandersetzen müssen. Logisch, wir haben zusammen ja auch einiges durchgemacht.

Kurz darauf las ich in den sozialen Medien den Post einer etwa 60-jährigen, strahlend schönen Frau namens Barb, die ein Plakat mit folgender Aufschrift hochhielt:

> »*Normalize finding love in your 40's.*
> *Normalize discovering and chasing new dreams in your 30's.*
> *Normalize finding yourself and your purpose in your 50's.*
> *Life doesn't end at 25. Let's stop acting like it does.*«
> *via The Female Lead, @compassionatereminders*[29]

Halleluja, Barb. Was das Wohnen angeht, favorisiere ich aktuell das Living-apart-together-Modell. Je nach Lust und Laune besucht man sich, um sich nach getaner Arbeit gemeinsam den süßen Seiten des Lebens zu widmen. Ich mochte es schon immer, allein zu wohnen. Soziale Kontrolle durch Abtörneransagen wie »Ich hasse es, wenn deinen Socken überall herumliegen!« entfällt, ich brauch mich nicht schlecht zu fühlen, wenn ich den ganzen Tag ungeschminkt im Pyjama abhänge, und die Beteiligten können jeweils genau so viel Ordnung halten, wie sie es für nötig erachten. Dafür habe ich auch nach Monaten immer noch jedes Mal Bauchkribbeln, sobald mein Liebster an der Tür klingelt.

Schon die feministische Schriftstellerin Simone de Beauvoir und der Philosoph Jean-Paul Sartre genossen in getrennten Wohnungen »die Vorteile des Lebens zu zweit und keine seiner Unannehmlichkeiten«.[30] Statt zu heiraten, schlossen sie einen Pakt – für eine Liebe ohne Einschränkung. Sie gestatteten einander Affären (zum Teil mit denselben Leuten!), waren oft monatelang einzeln allein im Ausland unterwegs und siezten einander. Laut Frau Beauvoir hielt ihre Beziehung mit Herrn Sartre »gerade deswegen« so lange.[31]

Übrigens: Eine Studie der Uni Frankfurt von 2008 belegt, dass Frauen, die getrennt von ihrem Partner leben, zufriedener mit ihrer Beziehung sind als solche, die in einem gemeinsamen Haushalt leben.[32] Paul Dolan, Professor für Verhaltensforschung an der London School of Economics, fand heraus, dass Frauen, die nicht verheiratet sind und keine Kinder haben, im Vergleich zu anderen Frauen nicht nur glücklicher, sondern auch mental und physisch gesünder sind und länger leben. Sie bekommen mehr Schlaf, haben weniger Stress und Sorgen, dafür öfter Zeit für Sport und Chancen, sich um sich selbst zu kümmern und den eigenen Bedürfnissen zu folgen. Männer kommen wesentlich schlechter alleine klar. »Wenn Sie ein Mann sind, sollten Sie unbedingt heiraten. Wenn Sie eine Frau sind, machen Sie sich keine Gedanken«, so fasste Dolan den Sachverhalt zusammen.[33] Männer würden ruhiger, sobald sie unter der Haube sind, gingen weniger Risiken ein, verdienten mehr Geld und lebten länger als diejenigen in der unverheirateten Vergleichsgruppe. An den Frauen bleibe, klar, meist ein Großteil der Kindererziehung hängen. (Das wurde während der Schulschließungen in der Corona-Krise mehr als deutlich.) Viele verringerten auch zugunsten der Familie die Arbeitszeit, verdienten schlechter und könnten so alles in allem weniger gut fürs Rentenalter vorsorgen.

Trotzdem versuchen wir es natürlich alle wieder und wieder. Spannend wird's, wenn ein Paar unmittelbar nach dem Kennenlernen zusammenzieht. Eine Freundin von mir wagte diesen Schritt. Kurz vor der Corona-Krise hatte sie einen Mann über Tinder kennengelernt. Dann kam der Lockdown und die beiden haben in Quarantäne praktisch durchgevögelt. Statt sich, wie sonst üblich, über Monate durch zähe Dates in Bars zu quälen, waren die beiden auf engstem Raum sozusagen dazu gezwungen, sich schnell nackig zu machen. Also emotional. Wer bist du wirklich? Wo willst du hin? Was sind deine Macken? Und das ist gar nicht so schlecht. »Solche Paare haben bessere Chancen als alle anderen«, glaubt die Beziehungsexpertin Susanne Wendel. »Wenn die gemeinsamen Werte passen, ist das volle Commitment das Beste, was einem passieren kann. Und wenn es nicht passt, weiß man das auch schneller.« Die volle Dröhnung Realität bekamen viele Langzeitpaare, die zusammenwohnten und Kinder zu versorgen hatten. Eltern sollten während des Lockdowns alles sein: Erzieherinnen, Lehrer, Angestellte – und Liebende. »Die Paare, die sich sowieso oft streiten und wo es unterschwellig schon gekriselt hat, werden sich jetzt schneller trennen«, prophezeite Wendel.[34]

Singles beiden Geschlechts standen im direkten Vergleich fast schon als heimliche Gewinner da. Ihre einzigen Luxusprobleme waren: »Mir ist langweilig! Ich bin einsam! Es fährt kein Moia! Hilfe, ich habe Tinder durchgespielt! Wann machen die Bars endlich wieder auf? Kochen für mich allein nervt.« Dafür leben sie aber auch deutlich gefährlicher. Neulich kam ich nach einem längeren Auslandsaufenthalt zurück in meine Wohnung, drehte die Musik laut auf, packte meinen Koffer aus und entledigte mich genüsslich meiner Kleidung. Ich wollte nach meinem 14-stündigen Langstreckenflug nur noch heiß duschen und dann ab ins Bett. Also stieg ich in meine Badewanne, zog die schwere ein- und ausklappbare gläserne Duschwand zurecht und drehte das Wasser auf. Sorgfältig shampoonierte ich mir die Haare, rasierte mir die Beine, genoss das warme Wasser auf meiner Haut – bis es plötzlich »krzzzzzzzz« machte.

Irritiert schielte ich durch den Schaum hindurch und bemerkte, dass mit meiner Duschwand etwas nicht stimmte. Das Scharnier in der Mitte hatte sich gelockert, die beiden Glasscheiben drohten auseinanderzufallen. Panisch griff ich mit meinen eingeseiften, nassen Händen nach den zwei Teilen, aber es nützte nichts. Innerhalb der nächsten Millisekunde knallte die komplette Glasduschwand aus sämtlichen Halterungen, das Nächste, was ich sah, waren Blut und Scherben. Ich stand stocksteif, nass, nackt, blutüberströmt und zitternd in der Wanne und traute mich vor lauter Schreck kaum zu atmen. Der Lärm war ohrenbetäubend gewesen, und ich konnte nicht einordnen, wie schwer ich verletzt war. Das Blut rann in kleinen wilden Bächen über meine blasse Haut. Vorsichtig untersuchte ich meine Hand, meine Arme, meine Beine, die Füße ... Alles schmerzte, aber ich konnte nicht erkennen, wo es mich wie schlimm erwischt hatte. Eine Fingerkuppe war futsch, so viel stand fest, und ein Ringfinger angesäbelt.

Ich fing an zu schluchzen. Erstens kam ich barfuß nicht aus dem Meer aus Scherben heraus, ohne mich noch weiter zu verletzen, zweitens war ich ganz allein. MUTTERSEELENALLEIN. Was, wenn diese Kackwand mir die Halsschlagader zerfetzt hätte? Dann wäre ich jetzt vermutlich tot! In jedem Fall brauchte ich dringend Hilfe, also musste ich mich wohl oder übel aus der Wanne quälen, die Scherben zerschnitten mir dabei die Füße. Blut tropfte auf den Teppich, die Fliesen, die Badewanne. Mir wurde schwummerig. Irgendwie schaffte ich es ins Wohnzimmer zu meinem Handy und rief Flo an, der nur ein paar Straßen weiter von Zuhause aus arbeitete. Er war der einzige Mensch, von dem ich an diesem Dienstagvormittag sicher wusste, dass er Zeit hatte. Tatsächlich nahm er sich sofort ein Taxi und war zehn Minuten später bei mir. Ich hatte mich in der Zwischenzeit notdürftig in ein Handtuch gehüllt und hielt ihm zur Begrüßung meine Hand hin. »Hilfe«, krächzte ich.

Flo musste ein bisschen lachen. Er konnte gar nicht glauben, dass mir diese Sache »einfach so« passiert war (»Hast du da drinnen Yoga gemacht?«), und brachte mich in die nächstgelegene Arztpraxis. Auch dort wollte keiner meine Geschichte glauben. »Na? Haben Sie es ein bisschen zu wild mit Ihrem Mann unter der Dusche getrieben? Von allein haben sich die Scharniere ja bestimmt nicht gelöst«, kicherte die etwa 60-jährige Ärztin, während sie meine Wunden versorgte.

»Doch«, entgegnete ich.

»Haha, wie Sie meinen.« Dabei zwinkerte mir die Ärztin lasziv zu und spitzte ihre Lippen.

»Unverschämtheit«, grummelte ich.

Danach musste ich noch weiter in die Notaufnahme. Aus versicherungsschutztechnischen Gründen oder so etwas. Dort verstand der attraktive junge Arzt noch weniger, was nun eigentlich vorgefallen war. »Bei einem Umzug ist Ihnen eine Glaswand aus der Hand gerutscht?«

»Nein, beim Duschen.«

»Wie soll das denn gehen?«

»Die ist einfach auseinandergefallen.«
»Und Sie?«
»Ich stand nackt, nass und einshampooniert in der Wanne.«
»Und Ihr Freund ist gegen die Glaswand gestoßen?«
»Nein, ich war allein.«
»Und haben an der Wand herumgeruckelt?«
»Nein, ich hab sie gar nicht berührt.«

Er nickte irritiert, nähte die Schnitte zu und stellte mir den Wisch für meine Versicherung aus. Später las ich, was er darin eingetragen hatte: »Unfall mit Glasfensterscheibe während eines Umzugs.« WTF?

Dieses Spielchen ging noch ein paar Tage und Wochen so weiter. Egal, wem ich von meinem Unfall erzählte – meiner Vermieterin, dem Hausmeister, meinen Freunden oder Kolleginnen –, alle schauten mich ungläubig an und kicherten dreckig. »Von ganz allein aus den Scharnieren gefallen? Ist klar, du Luder. Bleib halt das nächste Mal in deinem Bett. Biste echt selbst schuld.«

Schönen Dank, ihr Arschgeigen. Vielleicht ziehe ich bald doch lieber wieder mit jemandem zusammen.

WILLKOMMEN AUF DER Ü-30-PARTY! ODER: AARON CARTERS GESICHTSTATTOO

Es regnete. Ich stand am Bahnsteig Holstenstraße und wartete auf die S 31. Gesamtverfassung: so lala. Mein Blick fiel auf ein gigantisches Werbeplakat von Fernet-Branca. »Ich habe so viel Liebe zu geben, aber keiner will sie haben!«, stand darauf. Exakt so fühlte ich mich. Ich war gerade 33 geworden. Seit Monaten zog ich bloß Gestörte an wie das Licht Motten, während sich in meinem Postkasten die Einladungen zu irgendwelchen Hochzeiten stapelten. Toll. Wo war er bloß, mein Traummann? Ein zauberhaftes Wesen, das es freiwillig dauerhaft und gerne mit mir aushielt? Na ja, irgendwann würde der schon kommen. Da war ich mir sicher. Frank Drebin lernte seine große Liebe Jane ja auch erst mit 62 kennen. Und Charlize Theron, vom Magazin *Esquire* zur *Sexiest Woman Alive 2007* gekürt und die Frau, die Gerüchten zufolge einst Sean Penn ghostete, war auch schon mal zehn Jahre Single. Zu der Zeit bezeichnete sie ihr Liebesleben scherzhaft als trostlose Einöde. Irgendjemand müsse mal Rückgrat zeigen und sie ansprechen, sie sei auf schockierende Weise bereit für eine Beziehung. Joa, war ich auch. Schien bloß niemanden auf diesem Planeten zu interessieren, den ich selbst heiß fand.

Zerknirscht googelte ich, welche Werbeagentur denn hinter diesem zutreffenden Schnaps-Slogan steckte. Auf deren Website stand, dass die Kampagne mit dem Ziel entwickelt worden war, »bittere Wahrheiten« in den Szenevierteln der Großstädte zu verbreiten, und

»das mit provokanten Botschaften«.[35] Okay. Ziel(-Gruppe) erreicht, ihr kleinen Pisser.

Ich stieg in die Bahn und tat das, was ich immer tat, wenn ich mein eigenes Leben schnell und effektiv aufwerten wollte: Ich schaute mir im Netz Vorher-nachher-Fotos von Crystal-Meth-Junkies und abgestürzten Ex-Teenie-Idolen an. Geil, Aaron Carter hatte sich offenbar im Drogenrausch ein Gesichtstattoo stechen lassen und beleidigte auf Instagram seine gesamte Familie!

Gleich kam ich besser drauf. Mein eigenes Leben erschien mir im direkten Vergleich sofort wie Glücksbärchi-Town. Mein Gefühl ging sogar so hoch, dass ich darüber nachdachte, mich abends noch mit einem Verehrer zu treffen. Das Nervige war, dass man vorher nie ahnen konnte, ob sich der ganze Aufwand – duschen, schminken, cooles Outfit raussuchen – am Ende lohnte. Aber hey, von nichts kommt auch nichts und der Typ ließ seit Wochen nicht locker. Er war der Mitbewohner einer Bekannten. Ein langhaariger Bohemien, der Gedichte schrieb und elektronische Musik produzierte – genau mein Ding! Allerdings eilte ihm ein gewisser Ruf voraus. »Seit ich ihn kenne, hatte er noch nie eine feste Beziehung«, steckte mir meine Bekannte. Wollte ich mir nun also ernsthaft einbilden, dass ausgerechnet ich diesen jungen Wilden würde zähmen können? Hatte ich überhaupt die Energie für ein Date? In derselben Zeit könnte ich ebenso gut zum Sport gehen, ein Buch lesen, Freunde treffen. In meiner Komfortzone bleiben. Wer nichts riskiert, kann auch nicht verletzt werden – aber auch nie den ganz großen Pokal gewinnen. Ich überlegte und überlegte …

Manchmal litt ich gefühlt an ausgeprägter Schizophrenie, was meine Vorstellungen von einem erfüllten Privatleben angingen. In der Regel war ich verdammt stolz auf mein unabhängiges und freies

Leben. Schließlich hatte ich von meinen 16 Erwachsenenjahren bisher doch 13 in festen Beziehungen verbracht. Aber je älter ich wurde, desto komplizierter gestaltete sich die Sache mit den Männern. Wenn ich Single war, gab es immer wieder Tage, an denen ich glaubte, einsam sterben zu müssen, obwohl das natürlich Quatsch war. Das, was mich wirklich runterzog, waren die Dates und Liaisons mit Männern, die überhaupt nicht zu mir passten.

Es ist schon verrückt: Eben warst du noch gemütlich 22, konntest dich entspannt um dein Sexleben kümmern, Auslandserfahrungen sammeln und im Job herumexperimentieren. Über so verzweifelte Singles wie Bridget Jones oder Charlotte aus *Sex and the City* hast du herzlich gelacht – und jetzt sitzt du plötzlich mitfühlend vorm Fernseher und denkst: Scheiße, das ist mein Leben! Mit einem Mal verabschiedet sich ein Saufkumpan nach dem anderen in die Elternzeit. Verlobung hier, Schwangerschaft da. Von allen Seiten heißt es plötzlich: »Du müsstest, solltest, könntest doch langsam auch mal …«

Fast wie in einer Sekte versuchen all die Pärchen, dich auf ihre Seite zu ziehen. Auf Partys bist du plötzlich nicht mehr der scharfe Hingucker, sondern ein schwer vermittelbarer Ü-30-Härtefall. Davor bleiben nicht mal Überfliegerinnen wie Emma Watson verschont. Neuerdings bezeichnet sich die Schauspielerin und UN-Sonderbotschafterin nicht mehr als Single – sie gibt ihren Status als »in einer Partnerschaft mit mir selbst und sehr glücklich« an.[36] Unterschwellige Botschaften von außen hätten sie verunsichert. »Wenn du kein Haus gebaut hast, wenn du keinen Ehemann hast, wenn du kein Baby hast und 30 wirst und nicht in einer unglaublich sicheren, stabilen Situation in deiner Karriere bist [...], gibt es da einfach unglaublich viele Ängste.«[37] *I feel you*, Emma.

Irgendwo habe ich gelesen, dass man statistisch gesehen 100 Menschen daten muss, um jemanden zu finden, der halbwegs zu einem passt. Mal im Ernst: Wer hat denn so viel Zeit? Da müsste man für ein halbes Jahr raus aus seinem Job, um fortan hauptberuflich auf Partnersuche zu gehen. Und die ist nichts für schwache Nerven.

Erst neulich hatte ich eine Verabredung mit einem (vermeintlich) sehr attraktiven Mann, den ich über eine Dating-App kennengelernt hatte. Wir schrieben eine Woche lang hin und her, telefonierten sogar miteinander, um etwaige geistige Mängel ausschließen zu können. Er betonte währenddessen ständig, nicht an oberflächlichen Frauen interessiert zu sein. Laut seinem Profil maß er nämlich nur 1,60 Meter. Mich störte das nicht, weil ich selbst genauso klein bin. Und aus meinem Freundeskreis wusste ich, dass kleinere Männer häufig besonders charismatisch und unterhaltsam waren. Also trafen wir uns. Er kam extra aus einer anderen Stadt angefahren und klingelte an meiner Tür. Durch meine gläserne Flurtür sah ich das Unglück schon von Weitem: Der Typ war ein … Zwerg! Er maß allerhöchstens 1,50 Meter und versuchte, dies mit einem völlig übertriebenen Johnny-Depp-Gedächtnis-Outfit zu kompensieren. Der lederne Hut, den er trug, war mindestens zehn Zentimeter hoch, daran waren allerlei Federn und Perlen befestigt. Zudem hatte sich der Mann über und über mit Schmuck behängt. Sein Motto schien zu lauten: »Mehr ist mehr.« Allerdings lenkte sein exaltierter Stil nicht von seiner Größe ab, sondern kreierte vielmehr ein völlig skurriles Gesamtbild. Mir war nach zwei Sekunden klar, dass aus uns niemals etwas werden könnte. Meine Stimme nahm sofort eine mütterliche Nuance an. Aber irgendwie wollte ich noch nicht so richtig wahrhaben, dass nun alles umsonst gewesen sein sollte. Ich wollte dem Burschen eine echte Chance geben! Denn er war wirklich attraktiv und wir konnten uns wunderbar unterhalten. Als wir an einem Eisstand vorbeikamen, bot ich intuitiv an, ihm eine Kugel zu spendieren. Anschließend kehrten wir in ein Restaurant ein. Nach einem Glas Wein und weil er ja die ganze Zeit saß, hatte ich für eine Millisekunde das Gefühl: Hm, das könnte vielleicht doch noch etwas werden. Aber kaum dass wir wieder nebeneinanderher spazierten, war alles aus und vorbei. Und ich schämte mich. Dafür, dass ich offenbar doch oberflächlicher war, als ich es mir je hatte eingestehen wollen. Früher hatte ich mich immer über meine Freundin Sabbel lustig gemacht, die ihre Dates in allererster Linie nach der Größe auswählte. Unter 1,90 Meter kam ihr keiner ins Bett, weil sie selbst sehr groß ist. Ich hatte das immer als völlig übertrieben empfunden. Jetzt war ich selbst an diesem Punkt. Mehr als eine platonische Umarmung zum Abschied war nicht drin. Seine Anstalten, mich zu küssen, ignorierte ich gekonnt. Nachts hagelte es leidenschaftliche Textnachrichten. Am nächsten Morgen erhielt ich das erste unangeforderte Dickpic meines Lebens. Mir blieb nichts anderes übrig, als den Minimacker zu blockieren. Ob es bei Charlize Theron und Sean Penn möglicherweise ähnlich abgelaufen ist? Darüber lässt sich nur spekulieren …

Nach diesem Erlebnis der besonderen Art wurde mir klar, dass ich aufhören musste, Dating so verbissen zu sehen. Liebe hatte nun mal ganz viel mit Zufall zu tun. Ich konnte nichts anderes machen, als für all das Gute offen zu sein, das das Universum hoffentlich noch für mich bereithielt. Und bis dahin wollte ich meine Superkräfte für anderweitige lustige Dinge nutzen.

»LÄCHELE DOCH MAL!« – NEULICH IN MAROKKO, TEIL 2

Eines Nachmittags schlenderte ich mit einer Tüte Nüsschen durch die Souks, die labyrinthartigen Basare in der Medina, und war WIRKLICH bester Laune. Offenbar sagte mein Gesicht einigen Händlern aber etwas anderes. »Why so saaaaad? Hey, beautiful! Smiiiile!«, riefen sie mir zu. Auch auf dem berühmten Djemaa el-Fna, einem riesigen Marktplatz im Zentrum der Altstadt, wurde ich von vorwitzigen Geschäftüchtigen, Schlangenbeschwörern und aufdringlichen Wahrsagern sofort umzingelt, sie alle wollten, dass ich ihnen ein »Smiiiiile« schenkte. Anstrengend. Als Norddeutsche kann ich innerlich lächeln und eine Grinsekatze war ich noch nie. Das schien aber einige Marokkaner erst recht zu motivieren. Ein Halbstarker hielt mir eine Speisekarte unter die Nase und plapperte: »Hey, sexy Lady Gaga! I promise I will not touch you. Take a look at my menu! Garantiert kein Durchfall, versprochen!« Und: »Ich bin übrigens Single!« Reizvolle Kombi.

Plötzlich stand ich vor einem hageren, zahnlosen Männlein, das nichts weiter vor sich aufgebaut hatte als eine klapprige alte Waage. Offenbar sein Business. Seine Augen strahlten, als es mich sah. Es rief: »Madame, please!« Und deutete auf die Waage. Ich hatte Mitleid, reichte ihm ein paar Münzen und stellte mich auf das Ding. Fuck, dachte ich, als ich die Anzeige sah. Das Männlein brach jedoch in tosenden Beifall aus. »Great! Very good!«, lobte es mein Gewicht. Offenbar galt für ihn: je mehr, desto besser. Darüber musste ich sehr schmunzeln und klatschte schließlich mit ihm zusammen über das gute Ergebnis. Toller Tag! So kam es, dass ich ein wenig später spontan die Einladung eines ebenfalls zahnlosen Schlangenbeschwörers annahm, der mich mitten auf dem Marktplatz zu einem Tänzchen aufforderte. Das war lustig. Doch oh Schreck! Mit einem Mal bildete sich eine ganze Schlange von Männern, die nun alle mit mir tanzen wollten. Ich fühlte mich geehrt, stahl mich jedoch nach der fünften flotten Sohle (und fünf Heiratsanträgen) davon. Ich rettete mich in ein Reisebüro, der Mann darin sah halbwegs harmlos aus. Zaid trug Anzug und Krawatte, gab sich freundlich-zurückhaltend und lud mich auf einen Minztee ein.

Nachdem ich eine Kamelsafari durch die Sahara gebucht und ihm »für Notfälle« meine Nummer gegeben hatte (ich Trottel!), drehte der 33-Jährige plötzlich auf: Ob ich später mit ihm in die Disco gehen wolle. Mit ganz viel Bier! Haschisch! Party ohne Ende! Ich verklickerte ihm, dass ich auf »healthy holidays« aus sei, Detox und so, aber das ergab für ihn keinen Sinn. »Alle Deutschen trinken Alkohol und rauchen! Warum du nicht? Los, lass dich mal fallen – du bist im Urlaub!« Mir fielen jetzt die Worte des iranischen Taxifahrers ein, der mich in Hamburg zum Flughafen gebracht hatte: »Seien Sie vorsichtig, die arabischen Männer denken, deutsche Frauen sind leicht zu haben.« Ganz offensichtlich! Nachdem ich mich von Zaid freundlich-reserviert verabschiedet hatte, bombardierte er mich bereits zwei Minuten später mit WhatsApp-Nachrichten: Er müsse dringend mit mir reden, das könne nicht warten! Seine Gefühle würden verrücktspielen. Ich sei »the one« und hätte sein Herz komplett »in flames« gesetzt. Herrjemine. Hätte ich doch bloß behauptet, ich sei verheiratet ... Piep! Schon wieder mein Handy: »You are the most beautiful woman in the world. I think I love you!«

Immerhin, dachte ich so bei mir, endlich mal ein Mann, der seine Gefühle artikulieren konnte, nicht lange um den heißen Brei herumredete und alles auf eine Karte setzte, sobald ihm eine Frau gefiel. Davon konnte frau in Deutschland noch nicht einmal träumen.

PISCO & PROMIHOCHZEITEN: WAS IST »GUTES BEZIEHUNGSMATERIAL«?

Donnerstagabend, 21.00 Uhr. Ich treffe Kaja zum Abendessen in einem peruanischen Szeneschuppen. Der Pisco Sour fließt in Strömen. Eine Wohltat für unsere Nerven. »Ich finde das so unfair«, stöhnt meine hübsche Freundin und schiebt sich einen Bissen Ceviche in den Mund. »Wie macht Heidi Klum das bloß? Gerade erst hat sie sich von diesem heißen Kunsthändler getrennt und – schwups! – ist sie schon wieder verheiratet mit Tom von Tokio Hotel! Ich hingegen krebse seit Jahren, ach, was rede ich, seit JAHRZEHNTEN als Dauersingle durchs Leben, treffe einen Trottel nach dem anderen und wäre ehrlich gesagt schon froh, wenn mal einer bloß ein zweites Date mit mir wollen würde.« Kaja hebt ganz nebenbei die Hand und bedeutet dem Kellner, noch mal zwei Pisco nachzuliefern. »Und Heidi?«, fährt Kaja fort. »Rutscht von einer topseriösen Traumbeziehung in die nächste.«

Ich lege beruhigend eine Hand auf Kajas Unterarm. »Du weißt doch gar nicht, was bei denen hinter verschlossenen Türen abgeht. Denk dran: Liebe vor Leuten hat nichts zu bedeuten.«

Ein Lächeln huscht über Kajas Gesicht. »Auch wieder wahr.«

Allerdings habe auch ich mich schon oft über dieses Phänomen gewundert, dass manche Frauen zuerst jahrelang in einer glücklichen Beziehung stecken, sich dann irgendwann überraschend trennen und einem gefühlte drei Tage später schon ihre nächste »große Liebe« präsentieren. WTF?! Da fragt frau sich doch zwangsläufig:

Mache ich etwas Grundlegendes falsch? Sind diese dauervergebenen Frauen schlichtweg besseres Beziehungsmaterial oder bloß anspruchsloser als ich? Kaja und ich diskutieren drei Mezcal-Schnäpse und zwei weitere Piscos lang über diese Frage und kommen schließlich übereinstimmend zu mehreren Ergebnissen (und einem furchtbaren Kater am Morgen danach):

- *Möglichkeit eins: Diese vermeintlich dauerglücklichen Frauen sind in Wahrheit gar nicht so glücklich, wie sie (in den sozialen Medien) vorgeben, sondern bloß froh, einen vorzeigbaren Mann an ihrer Seite zu haben. Denn das macht sie aus ihrer Sicht attraktiver.*
- *Möglichkeit zwei: Sie strahlen irgendetwas aus, das sie rein biologisch zu guten Partnerinnen macht. Aber was könnte das bloß sein? Vielleicht ein besonders gebärfreudiges, ähm, Becken? Ach, so ein Quatsch ...*
- *Möglichkeit drei: Wir sind einfach scheiße und keiner hat uns lieb.*
- *Möglichkeit vier: Sie sind mutiger, offener und riskieren häufiger etwas für die Liebe, die sich ja theoretisch zu allen möglichen und unmöglichen Zeiten hinter jeder Ecke verbergen kann.*

Ich entsprach früher selbst genau der letzten Variante. Wenn ich jemanden kennenlernte, den ich toll fand, stürzte ich mich kopfüber hinein in die Liebe. Egal, wie chaotisch oder stressig mein Leben gerade war. Die Liebe kam für mich immer an erster Stelle. Außerdem konnte es einen immer und überall erwischen. So traf ich bereits zwei Wochen nach meiner letzten Trennung einen bildschönen, einfühlsamen Mann, der mich total von den Socken haute. Mein Glück posaunte ich himmelhoch jauchzend in die Welt hinaus. Einige meiner Freunde erklärten mich damals für verrückt und glaubten, dass ich noch unter Schock stand. Aber meine Gefühle waren echt – für drei zuckersüße Monate.

Dieser erste Rausch, diese Euphorie, in die einen eine neue Liebe oder auch bloß ein kleiner Flirt versetzt, macht süchtig und das Leben schön. Deshalb sind wir bereit, uns immer wieder kopfüber hineinzustürzen und unser Leben vom einen Tag auf den anderen komplett für einen anderen Menschen umzukrempeln, unsere Herzen zu öffnen. Für seine Familie, seine Bedürfnisse, seine Wünsche und Ziele. Und darauf können wir stolz sein.

»Übrigens«, lallt Kaja, nachdem wir bereits die Rechnung angefordert haben. »Lady Gaga hat sich gerade von ihrem Verlobten getrennt.«

Ich zucke gelangweilt mit den Schultern. »Die verlobt sich doch gefühlt jedes Jahr neu.«

Kaja nickt und reißt ihre blauen Kulleraugen auf. »Diese blöden Promis setzen einen mit ihren ständigen Verlobungen und Blitzhochzeiten dermaßen unter Druck! Zuerst beneiden wir sie, versinken in Selbstzweifeln und am Ende war alles bloß Show.«

Ich nicke zustimmend, während ich Kaja in Richtung Ausgang bugsiere. »Ich kenne Frauen, die wegen Meghan Markles Hauruckverlobung mit Prinz Harry ihre gesamte Beziehung infrage gestellt haben«, bemerke ich sarkastisch. »Für ihr drittes Date soll Prinz Harry sie extra nach Botswana eingeflogen haben. AF-RI-KA. Mal ehrlich: Wer würde sich nicht beim Anblick kopulierender Nashörner in der Savanne sofort verlieben? Jeder dämliche Idiot kriegt das hin.«

»Mein letztes Date konnte nicht mal sein eigenes Bier zahlen«, grummelt Kaja. Wir brechen in Lachen aus. »Lass Meghan und Harry erst mal acht Jahre zusammen sein«, mutmaßt Kaja weiter. »Dann hauen die sich in ihrem kalifornischen Exil auch gegenseitig die Kronjuwelen um die Ohren.«

Dabei ist genau das im Grunde der Schlüssel zu einer guten, gesunden Beziehung: die harte, dröge Normalität akzeptieren und zusammen meistern.

»Würdest du zehn Jahre lang enthaltsam leben, wenn du dafür anschließend mit deinem Traumpartner zusammenkommen und bis zum Ende deiner Tage glücklich sein würdest?«, fragt mich Kaja.

Ich überlege lange. »Ja, wahrscheinlich schon. Würdest du dir für 400.000 Euro den kleinen Finger abhacken lassen?«

Kaja verzieht das Gesicht. »Hä? Was ist das denn jetzt für eine kranke Frage? Nein. Würdest du für eine Million Euro ins *Dschungelcamp* gehen?«

»Nein. Würdest du dich für 900.00 Euro ein Jahr lang nicht mehr waschen?«

»Nein. Würdest du für 11.000 Euro cash, steuerfrei, für immer auf Kartoffelchips verzichten?«

»Nein, das wäre es mir nicht wert. Da könntest du mich ja gleich fragen, ob ich für einen Milliarde Euro nie wieder Alkohol trinken würde.«

»Seh ich genauso. Prost!«

»Prost. Was, wenn dein ultimativer Traummann von dir verlangen würde, nie wieder Alkohol zu trinken?«

Kaja schaut mich entsetzt an. »Dann würde ich, glaube ich, sagen … Fick dich.« Wir lachen laut und irre, während wir uns auf die Suche nach unserem Moia machen, das uns sicher nach Hause bringt.

»Weißt du was, Liebling? Ab sofort investiere ich lieber in UNSERE Beziehung«, flötet Kaja. »Auch eine gute Freundschaft trägt im Alter. Ich habe keine Lust mehr, einer Sache hinterherzuhecheln, die ich sowieso nicht beeinflussen kann. Da fange ich lieber an zu stricken und leiste mir hin und wieder einen Callboy.«

Am nächsten Morgen checke ich verkatert meine Mails und bin mit einer völlig absurden Anfrage einer zwielichtigen TV-Produktionsfirma konfrontiert: für eine »aufregende Reality-Dating-Show«. Man suche spontane und aufgeschlossene Singles zwischen 18 und 35 Jahren, die sich endlich wieder verlieben wollten, und das in einer traumhaften Urlaubslocation. Gerne hätte man gewusst, ob ich mich in Badebekleidung wohlfühle, bei Interesse würde man sich freuen, wenn ich dem Sender ein Ganzkörperfoto in Unterwäsche zusenden könnte. Ich fasse es nicht. Wie zur Hölle kommen die denn bitte auf MICH?! Das konnte nur ein perverser Scherz sein. Nichtsdestotrotz erlaube ich mir, mich für eine Mikrosekunde der Fantasie hinzugeben, auf einer polynesischen Trauminsel unter Palmen mit einem hirnlosen Muskelpaket zu knutschen.

Zum Glück verpasst mein Über-Ich mir im nächsten Moment eine Backpfeife und zwingt mich, sofort mit meiner seriösen Arbeit als Journalistin im Homeoffice loszulegen. Die da wäre: querbeet googeln, was es Neues gibt. Mich in den Weiten des Internets verlieren, kurz mal vergessen, dass ich eigentlich arbeiten will. Mittagessen kochen. Wäsche waschen. WhatsApp-Nachrichten schreiben. Kaffee kochen. Mit etwas Glück: endlich eine geniale Idee haben. Eine halbe Stunde INTENSIV daran arbeiten. Erschöpft in mich zusammenfallen. Mir selbst auf die Schulter klopfen. Feierabend machen. Nachts schweißgebadet aufschrecken und mit superschlechtem Gewissen noch mal zehn Stunden am Stück durchkloppen. Weiterpennen. Den Wecker überhören. Gegen Mittag aufschrecken. Weiterarbeiten. Merken, dass Samstag ist. Sofort den Kaffee in den Ausguss kippen und auf Prosecco umsteigen.

BERLINER BEZIEHUNGEN. ODER: »NEXT!«

Der französische Philosoph und Autor Tristan Garcia glaubt, dass die Suche nach dem Intensiven so etwas wie das Leitmotiv unserer Zeit darstellt: Lebe so, dass du das Leben in dir spürst! »Was uns als erstrebenswertes Gut angeboten wird, ist eine Steigerung unserer Körper, eine Intensivierung unserer Freuden, unserer Liebesgefühle und Emotionen«, schreibt er in seinem Buch *Das intensive Leben: Eine moderne Obsession*, das als Sensation gefeiert wurde.[38] Versagt habe heute nur, wer ein mittelmäßiges, routiniertes Leben führt. Das Problem: Ein Leben, das immer intensiv ist, ist es eigentlich nie.

Viele aus der Generation Y wollen das nicht wahrhaben, weil sie mit der Idee aufwuchsen, alles haben und erreichen zu können, was sie sich wünschen. Ihre Eltern trichterten ihnen ein, dass sie etwas ganz Besonderes sind. Wenn es mit dem Tennis- oder Klavierunterricht nicht klappte, lag's am Lehrer und sie durften etwas Neues ausprobieren. Es mangelte ihnen weder an Markenklamotten noch an teurer Technik. Mit 18 gab's das erste eigene Auto, nach dem Abi durften Auslandserfahrungen in Neuseeland gesammelt werden (natürlich inklusive teuer bezahlter Englisch-Sprachkurse). Und nachdem man mehrere Male den Studiengang gewechselt hatte, wusste man vielleicht grob, welchen (bitte nicht allzu stressigen) Berufszweig man mit seiner kostbaren Anwesenheit bereichern wollte. Während es früher selbstverständlich war, gerne und hart für berufliche Erfolge und eine funktionierende Partnerschaft zu arbeiten, legt die Generation Y vielmehr Wert auf eine gute Work-

Life-Balance. Kurzum: Weniger schuften, weder im Job noch für die Beziehung, ist angesagt. Vielen fehlt deshalb die Fähigkeit dranzubleiben und darunter leidet das Liebesleben.

Ein interessantes neues Phänomen in diesem Zusammenhang ist die »Berliner Beziehung«: Menschen möchten oder können sich heute immer schwerer festlegen, wenn es um die Wahl eines Partners geht. Die Sehnsucht nach Liebe ist bei ihnen zwar da, aber gleichzeitig macht es ihnen die schnelllebige Gesellschaft vermeintlich schwer, jemanden kennenzulernen, der bereit ist, eine tiefer gehende Beziehung einzugehen. Dating-Apps vermitteln das Gefühl, den Partner unaufwendig auswechseln zu können, denn die Auswahl an verfügbaren, attraktiven Flirts scheint unendlich groß. Laut einer Umfrage finden es viele Menschen heute normal oder sogar okay, via Messenger Schluss zu machen. Das Individuum verkommt auf diese Weise zu einer Art Ware, die man jederzeit gegen etwas Besseres eintauschen kann. »Ich nenne es das ›iPhone-Phänomen‹ beziehungsweise die ›Voltaire-Falle‹. Hatte doch der französische Philosoph den Satz geprägt: ›Das Bessere ist der Feind des Guten.‹ Praktisch übersetzt: Sobald ein neues iPhone auf den Markt kommt, wollen viele sofort das neuere und vermeintlich bessere, das alte kommt ihnen von einem Moment zum anderen unzureichend vor«, erklärt mir der Berliner Paartherapeut Dr. Clemens von Saldern in einem Interview. »Unsere Zeit fördert den Autonomiegedanken, aber Freiheit und Selbstbestimmung genügen auf Dauer nicht, um glücklich zu werden. Denn wir sind soziale Wesen, die auch auf Bindungen angewiesen sind.« Trotzdem steige die Zahl der »Ich-linge« in unserer Gesellschaft immer weiter an, »weil die Annahme vorherrscht, auf Beziehungsarbeit, also gewinnbringend in die Partnerschaft zu investieren, verzichten zu können. Dabei ist es so, dass Liebe kein Ereignis ist, Liebe muss man sich – hart – erarbeiten.«[39]

Apropos »Ich-linge«! Das erinnert mich an meinen letzten Tokio-Trip. Um mir die volle Dröhnung Japan zu geben, hatte ich mich in einem sogenannten Kapselhotel eingemietet. Darin nächtigen etwa 200 Singles in einem Saal, jeder hinter einer Art Rollo, in einer sargförmigen Koje. Es gibt einfach zu viele von ihnen: In Japan leben derzeit 50 Prozent der Menschen allein. Viele wollen gar keine Partnerschaft. Stattdessen boomen Datingsimulationen, die dafür gedacht sind, Liebesbeziehungen zu Manga-Charakteren oder Fabelwesen aufzubauen. Manche Japaner und Japanerinnen sind so vernarrt in ihre digitalen Avatare, dass beliebte Figuren aus diesen Spielen mittlerweile auch schon als lebensgroße (Sex-)Puppen zum Verkauf stehen. Auch kam es schon zu Eheschließungen – mit Virtual-Reality-Brille und Kuss ins Leere. Das Ganze lässt sich vermutlich als Statement gegen traditionelle Werte, gesellschaftliche Normen und gängige Stereotype werten. Denn in Japan gelten unverheiratete Frauen, die älter sind als 30, immer noch als hoffnungsloser Fall. Dagegen rebellieren viele Jüngere, konzentrieren sich lieber auf ihre Karriere. In Japan haben die Menschen ohnehin sehr wenig Freizeit. Wem schlichtweg die Zeit für eine Beziehung fehlt, kann sich in Japan einen »Boyfriend« mieten. Dieses Angebot richtet sich vor allem an gestresste Karrierefrauen, die ab und an ihr Bedürfnis nach emotionaler Nähe stillen möchten. Zu Beginn eines Treffens händigt die Frau ihrem gemieteten Freund Bargeld aus, damit er sie in Restaurants oder ins Kino einladen kann. Händchenhalten ist im Preis inbegriffen, Knutschen oder gar Sex jedoch tabu. Auch in den meisten Bars muss keiner alleine Cocktails schlürfen, sondern kann sich aus der Speisekarte gleich die passende Gesellschaft auswählen. Die Herrschaften kommen an deinen Tisch, gießen dir Getränke nach, machen dir Komplimente, fragen dich, wie dein Tag war. Ideal für alle, die nach Feierabend keinen Nerv mehr für echte Dates haben.

Echte Beziehungen scheinen in Japan auf dem absteigenden Ast zu sein. Sonst würden die Leute wohl kaum anfangen, sich selbst zu heiraten! Vor allem Frauen, die keine Lust haben, sich fest zu binden, aber dennoch nicht auf ein glamouröses Brautshooting verzichten wollen, buchen diesen Service. Hierfür organisieren spezielle Hochzeitsplanerinnen ein Kleid, den Friseur, die »Trauung« und einen Fotografen. Was am Ende dabei rauskommt, ist gar nicht so blöd: Sag laut »Ja« zu dir selbst. Wer das alles zum Heulen findet, kann sich in Japan einen sogenannten »Weeping Boy« mieten. Diese professionellen Tröster bringen ihre Kundinnen zunächst mit traurigen Videos zum Schluchzen, um sie anschließend in den Arm zu nehmen und die Tränen zu trocknen. Das dient dem Stressabbau, denn Gefühle zeigt man in Japan lieber nicht in der Öffentlichkeit. Angeblich gibt es hier nicht mal die Formulierung »Ich liebe dich«, weil das den Einheimischen zu krass ist. Das hat mir mal ein japanischer Bekannter erzählt.

In Korea gibt es ebenfalls einen Begriff für den Lifestyle der »Ich-linge«: Honjok. Ursprünglich wurde er von jungen Feministinnen geprägt, die sich dem traditionellen südkoreanischen Familienmodell und dem Frauenbild der guten Hausfrau und Mutter verweigerten. Mittlerweile hat sich diese Art zu leben zu einem Lifestyletrend entwickelt. Es geht nicht darum, freiwillig auf einen Partner zu verzichten, sondern darum, allein gut zurechtzukommen, dabei viel zu unternehmen, das Leben zu genießen und sich mit sich selbst und den eigenen Bedürfnissen intensiv auseinanderzusetzen. Ich kenne Leute, denen es genügt, wenn ihnen 20 verschiedene Matches auf Tinder täglich einen »wunderschönen guten Morgen, meine Hübsche« wünschen. Das reicht aus, damit sie sich nicht einsam fühlen. Echte Treffen werden in der Regel vermieden, um von vornherein jede Möglichkeit auszuschließen, abgewiesen, enttäuscht, versetzt oder verletzt zu werden. Diese Angst lässt sie immer neue Ausreden erfinden: »Ich glaube, der war doch nicht so geil, ich schreibe jetzt lieber mit einem anderen.« So brauchen sie sich den realen Menschen nicht zu stellen.

Und weil es mir so wichtig vorkommt, schreibe ich es noch mal: Diejenigen, die sich so verhalten, wissen wohl nicht mehr, was sie gewinnen können, wenn sie es riskieren, sich zu einer einzigen Person zu bekennen. Ganz egal, ob es irgendwo auf der Welt jemanden gibt, der vielleicht NOCH besser zu einem passen würde. Ich glaube auch: Gute Beziehungen sind immer harte Arbeit. Ohne Kompromisse funktioniert es nicht. Eine reale Liebesbeziehung hat wenig zu tun mit dem Kitsch, den wir tagtäglich in romantischen Komödien, Musikvideos, Werbeanzeigen oder #*couplegoals* zu sehen bekommen. Je früher wir das schnallen, desto eher sind wir dazu bereit, uns WIRKLICH auf jemanden einzulassen. Hierfür wäre es allerdings von Vorteil, sich mit den neuesten, fiesesten Datingphänomenen dieses Jahres vertraut zu machen. Lesen, verinnerlichen – und bitte auf keinen Fall drauf reinfallen (oder selbst anwenden). Übrigens: Was ich hier aus Frauensicht beschreibe, gilt natürlich auch für Männer.

Apocalypsing

Das Virus hat uns alle fest im Griff, die Apokalypse scheint nahe. Einsam sterben kommt selbstredend nicht in frage. Also verknallt man sich im Schnelltempo in das nächstbeste, ähm, Wesen. Bereits nach dem ersten (Zoom-)Date ist man sich einig: Das ist Liebe! Eilig zieht man zusammen, stellt einander den Eltern vor, plant bereits Hochzeit (auf Sylt!), Nachwuchs (Paulchen und Fritzi!), den ersten gemeinsamen Sommerurlaub (Quarantäne in Quebec!) … Bloß um nach ungefähr zwei Monaten entsetzt festzustellen, dass man den anderen eigentlich überhaupt nicht abkann (»Es macht mich krank, wie du kaust!«). So schnell, wie alles anfing, ist es dann auch wieder vorbei!

Vorteil: Der Liebeskummer hält sich in Grenzen, immerhin hat man den anderen eh nie richtig gekannt (»Wie hieß noch mal der Typ, mit dem ich während des zweiten Light-Lockdowns geschmust habe? Ach, egal …«).

Binge-Dating

Was mit den Folgen deiner Lieblingsserie geht, funktioniert auch beim Menschen: Einfach so viele nacheinander konsumieren wie möglich! Vor allem beliebt bei Tinder-Kindern mit gebrochenen Herzen: Um den Schmerz zu betäuben, organisiere man sich fünf Dates an fünf aufeinanderfolgenden Tagen. Gut fürs Ego? Kurzfristig, ja. Aber danach kommt die Leere. Der Teufelskreis beginnt von vorne.

Future-Faking

»Ich träume davon, eines Tages mit dir nach Spanien auszuwandern. Wir werden drei Kinder haben und ich baue uns ein Haus aus Schweinskopfsülze, Baby.« Klar, Luftschlösser bauen geht einfach (vor allem am Telefon oder per WhatsApp). Problematisch wird's, wenn die ganze Beziehung auf leeren Versprechungen beruht.

Schönsaufen

Du bist nervös vor einem Date und machst dir selbst Druck: Ich muss witzig und locker und zauberhaft sein – damit er sich in mich verknallt! Deine Maßnahme: Du knallst dir schon zu Hause eine halbe Flasche Prosecco rein. Das führt dazu, dass du beim Treffen als eine aufgekratzte, leicht lallige Version deiner selbst aufschlägst, viel zu viel von dir preisgibst und zu schnell aufs Ganze gehst. Und gar nicht merkst, dass der andere nur so halb geil ist (weil du unbedingt willst, dass es der jetzt endlich mal ist), um dich abschließend beim Versuch, einen Stepptanz auf dem Bürgersteig hinzulegen, auch noch aufs Maul zu legen.

Babbling

Du bekommst morgens, mittags und zum Einschlafen liebevolle Kurznachrichten, die einem so normalerweise nur der feste Freund (oder Mama) schicken würde. »Hast du gut geschlafen, Sonnenschein?«, »Wie läuft dein Tag, Hübsche?« oder »Träume süß, schöne Frau«, garniert mit reichlich Herzchen- und Kussmund-Emojis. Das Verrückte: Du und der Absender kennen sich gar nicht persönlich! Getroffen habt ihr euch in einem halbherzigen (Tinder-)Chat, wirklich privat wurde es nie. Sinn und Zweck: Intimität vorgaukeln in gegenseitigem Einvernehmen. Gegen die Einsamkeit. Relevante persönliche Infos fordert ihr deshalb bei der anderen Person gar nicht erst ein, weil ihr genau wisst, wie schräg das ist, was ihr da macht. Deshalb wird es auch nie zu einem realen Treffen kommen. Eure Erwartungen würden ohnehin enttäuscht.

Benching

Du findest jemanden ganz okay, aber auch nicht richtig geil. Das ist immer noch besser als nichts und hilft dir außerdem prima, dich über dein vermaledeites Singledasein hinwegzutrösten. Also hältst du sie oder ihn mit Nachrichten bei Laune. Der Kontakt schläft immer mal wieder ein ... Dann aktivierst du ihn wieder mit einer kurzen, netten SMS und – schwups! – frisst dir die andere Person wieder aus der Hand und du fühlst dich besser.

Breadcrumbing

Du wirfst deinem Opfer immer mal wieder ein paar Brotkrumen hin (zum Beispiel ein sexy Foto per WhatsApp), damit es dich auch weiterhin begehrenswert findet. Du spuckst große Worte (»Bei dir habe ich ein ganz besonderes Gefühl«), ohne jemals Taten folgen zu lassen. Alles, was du willst, ist, bewundert zu werden. Zu einem realen Treffen oder eindeutigen Bekenntnis kommt es nie – es sei denn, du hast mal ganz dollen Notstand. Die Masche ist schwer zu durchschauen, weil das Opfer oft über eine sehr lange Zeit hofft und hofft und hofft – aber irgendwann fällt der Groschen: »Ich war nur ein Spielzeug!«

Love-Bombing

Der Täter überschüttet dich von Anfang an mit Aufmerksamkeit, Komplimenten, Zärtlichkeiten, will am liebsten zehnmal am Tag mit dir facetimen, dich jeden Abend sehen, am liebsten direkt bei dir einziehen. Warnung: Wenn dich jemand gleich zu Beginn so krass mit Liebe bombardiert, ist etwas faul. Der Typ zieht nur eine Show ab und hat wahrscheinlich noch fünf andere Chicks am Start. Oft handelt es sich um Narzissten, die ihr Ego mit möglichst vielen Eroberungen aufpolieren wollen. Durchaus möglich, dass der Gute noch etwas zu verarbeiten hat. Ganz vielleicht hat er in dir aber auch wirklich seine Göttin gefunden.

OH, WIE SCHÖN IST PA(AR)NAMA

Ich stand verstrahlt und mutterseelenallein in dieser komischen Riesenstadt namens Panama City. Vor mir der Pazifik. Mein damaliger Freund (der, den ich auf dem illegalen Goa-Rave kennengelernt hatte) hatte weder Zeit noch das nötige Kleingeld, um mich zu begleiten. Noch immer war ich deshalb rasend sauer. Wozu hatte ich denn bitte einen Freund, wenn der keine Lust dazu hatte, mit mir die Welt zu bereisen und auf meinen Rucksack aufzupassen, wenn ich mal pinkeln musste? Deshalb war es nur konsequent, dass es sich bei meinem ersten Stopp um eins der letzten Matriarchate unserer Erde handelte: die San-Blas-Inseln an der karibischen Küste. Dort leben die Kuna, eine indigene Ethnie, die ein autonomes Gebiet nahe der kolumbianischen Grenze verwalten. Hier wählen die Frauen ihren Partner aus, nach der Hochzeit zieht der Mann zur Familie der Frau und nimmt ihren Namen an. Das weibliche Oberhaupt gibt sämtliche Befehle, der Mann ist das ausführende Organ. Er geht fischen, pflückt Kokosnüsse, baut Hütten. Das fand ich schon mal reichlich sympathisch.

Auf meiner Insel Diablo, die ich nach etwa einer Stunde Überfahrt erreichte, thronte die »Chefin« im Schatten der Palmen und wies mir wortlos den Weg zu meiner Unterkunft, einer Hütte im Sand für acht Personen ohne Fußboden mit klammen Matratzen. Darin sollte ich mutterseelenallein schlafen, denn bei den übrigen Gästen handelte es sich ausschließlich um Pärchen in Honeymoon-Stimmung, die in hübschen kleinen Bungalows nächtigen durften. Ich packte also aus, lief den Strand entlang und schaute mir die Insel an … Hier würde ich absolut nichts anderes zu tun haben, als mich an der Schönheit der Natur zu berauschen – und dabei aufzupassen, nicht von einer herunterfallenden Kokosnuss erschlagen zu werden. Entsetzt registrierte ich den Sonnenuntergang: Rosarot versank der mächtige Feuerball am Horizont. Seine Schönheit war atemberaubend. Ich vermisste meinen Freund sofort schmerzlich und verfluchte mich dafür, dass ich allein nach »Love Island« gereist war … Wütendes Geschrei riss mich aus meinem Selbstmitleid: Eine Amerikanerin, ungefähr mein Alter, stürmte wütend aus ihrem Bungalow, in der Hand eine fast leere Rumflasche. Aus dem Inneren tönten lallende Wortfetzen: … »fucking boring« … »I want my Netflix« … »sick of this stupid beach«. Sie reisten noch am selben Tag ab. Tja! War wohl doch nicht immer alles sooo geil – als Pärchen.

Mein nächster Stopp war ein Hostel in den Bergen. Entspannte Stimmung. Fast nur alleinreisende Backpacker. Ich genoss gerade die gechillte Atmosphäre am Lagerfeuer, als plötzlich so ein verwegener Typ mit Motorradhelm unterm Arm auf der Bildfläche erschien – und erst mal allen Damen synchron die Kinnlade herunterklappte. Rudy stammte aus Zürich, trug Lederjacke, Dreitagebart und verfügte darüber hinaus über ein völlig überzogenes Selbstbewusstsein. Ungefragt erzählte er erst mal seine halbe Lebensgeschichte. Den weiten Weg von Panama City hatte er (angeblich) mit seiner Harley zurückgelegt. Sein Ziel: Kanada (ambitioniert!). Auf Bali habe er viel mit Pranayama und Tantrasex experimentiert, ließ er uns weiter wissen, während er eine Bierflasche mit den Zähnen öffnete und direkt danach seinen gebannten Zuhörerinnen eine spezielle Atemtechnik vorführte. Dafür streckte Rudy seine Zunge weit heraus, riss die Augen auf und hechelte wie ein wild gewordener Affe: »Ha-hu-ha-hu.« Anschließend gurrte er gen Damenwelt: »Wenn ihr wollt, können wir morgen früh mal orgasmische Meditation ausprobieren. Das hab ich letzten Sommer in L. A. gelernt. Hat mein Leben verändert.« Ich fühlte mich wie in einem schlechten Film. Was für ein Angeber! Vorsorglich ging ich lieber etwas früher in die Heia, denn der brunftende Biker wirkte auf mich, als würde er, ohne mit der Wimper zu zucken, alles nageln, was zwei Brüste hatte und nicht bei drei auf dem Baum war ...

Des Nachts wurde ich von lautstarken Paarungsgeräuschen geweckt. Was ich zunächst für zwei kopulierende Jaguare gehalten hatte, entpuppte sich dann doch als Wesen der Gattung Homo sapiens: Rudy und die hübsche blonde Backpackerin aus Frankfurt vergnügten sich doch glatt auf der Veranda unter meinem Schlafzimmerfenster! Einmal mehr fragte ich mich, was mich eigentlich dazu bewogen hatte, allein nach Panama zu reisen. Spätestens jedoch, als »Miss Frankfurt« das Schweizer Testosteronmonster tags darauf mit einer anderen in der Gemeinschaftsdusche erwischte und sich daraufhin am Lagerfeuer reihum bei allen ausweinte, machte ich drei Kreuze, dass ich mich in meinem heiligen Jahresurlaub NICHT mit derartigen Liebesdramen auseinandersetzen musste.

ZOOM-SELBSTHILFE: ICH WILL DICH AUSSAUGEN, BABY!

Dienstag, 21.00 Uhr. Zeit für meine wöchentliche Zoom-Selbsthilfegruppe mit Freundinnen. Die goldene Regel lautet: Nur Singles haben Zutritt. Denn wir machen uns hier jedes Mal komplett nackig. Da haben die gut gemeinten Ratschläge glücklicher Verliebter REIN GAR NICHTS verloren. Schlichtweg aus Prinzip. Diese Woche hat es mal wieder in sich.

Françoise, 39, eine elegante Modeeinkäuferin aus München, packt als Erste aus. Über Silvester war sie mit ihrem neuen Lover auf die Malediven gereist. Wir hatten sie alle deswegen beneidet. Zwei Wochen in einem Fünfsternehotel direkt am Strand – das bedeutete in unserer Vorstellung vor allem eins: ein Vögelmarathon par excellence. Aber denkste! »Ich bin davon ausgegangen, dass wir uns dort so richtig nahekommen. Wir kannten uns ja erst zwei Monate, haben uns immer bloß ein- oder zweimal die Woche nach der Arbeit bei einem von uns zu Hause gesehen – aber das war immer der absolute Hammer.« Der Urlaub sollte so etwas wie die Generalprobe sein: Reicht es für eine Beziehung? »Ich wollte, dass alles perfekt wird«, stöhnt Françoise. Insgeheim hatte sie sich schon ausgemalt, wie er ihr bei Sonnenuntergang einen Antrag am Strand macht. Aber daraus wurde nichts. »Es ging schon im Flugzeug los. Er wollte unbedingt am Fenster sitzen und hat deswegen einen völlig Fremden minutenlang angebettelt. Das ging dann den ganzen Urlaub so weiter …«

Im Zimmer: »Fragst du mal an der Rezeption, ob die eine zweite Decke für mich haben? Mit Klimaanlage erkälte ich mich sonst.«

Im Taxi: »Du schuldest mir noch zwei Dollar für die Cola vorhin.«

Unter einem elfenbeinfarbenen Baldachin auf einer gepolsterten Sonnenliege für zwei Personen an einem privaten weißen Sandstrand mit Champagner im Kühler: »Knutschen in der Öffentlichkeit ist so gar nicht meins, sorry.«

Beim Auspacken: »Eine kurze Hose langt doch locker für zwei Wochen, oder?«

Nach zwei Minuten am Pool: »Mir ist langweilig.«

Beim Umziehen: »Mist, ich hab mein gutes Hemd für abends vergessen. Stört dich doch nicht, oder? Ich mag ja an dir, dass du nicht so oberflächlich bist.«

Beim Sonnenuntergang: »Ob die hier wohl irgendwo Champions League zeigen?«

Beim Abendessen: »Ich finde, du trinkst zu viel. Ein Glas Wein zum Essen reicht doch. Und mittags würde ich das an deiner Stelle ganz lassen.« (Françoise, die Arme, ergänzt, dass sie den Urlaub am Ende nur noch besoffen ertragen konnte.)

Zwischendurch: »Ich hätte schon Lust, es mal mit einer Einheimischen zu treiben.«

Jeden Morgen: »An deiner Stelle würde ich jetzt erst mal eine Weile NICHT ins Badezimmer gehen.«

Auf der Liege: »Boah, ich muss schon den ganzen Tag von diesem Fischcurry aufstoßen.«

Irgendwann: »Eigentlich ja viel zu teuer, das Hotel. Lass uns doch in der zweiten Woche in das Hostel mit den günstigen Mehrbettzimmern ziehen!«

Abends, er steht in total verwaschener Badehose und speckigem Strandshirt vor Françoise: »Muss ich mich vor dem Essen noch umziehen oder kann ich so gehen?«

Jeden Tag: »Was machen wir heute?«

Eine Stunde nach dem Mittagessen: »Komisch, ich hab schon wieder Hunger.«

Im Bett: »Sex ist so anstrengend bei der Hitze. Bitte geh doch du nach oben.«

Nach zwei Tagen: »Hm. Ich hätte doch mehr Unterhosen einpacken sollen …«

In der prallen Sonne: »Igitt, bäh, ich will dir nicht schon wieder den Rücken eincremen.«

Auf der Liege: »Findest du, meine Fußnägel sind zu lang?«

Wir schütteln entsetzt die Köpfe. »Was für ein Penner!«, entfährt es mir. Leider ist es oft ein himmelweiter Unterschied, ob du jemanden bloß ab und zu für ein paar prickelnde, champagnerdurchtränkte Stunden triffst – oder 24/7 mit ihm abhängst. Tschüss, Romantik, hallo, Realität! Wenn du Pech hast, bist du plötzlich Babysitter, Psychologin und Animateurin in einem.

Françoise ist noch lange nicht fertig. »Die Krönung war ja, dass ich die ganze Zeit um Sex betteln musste. Ich dachte mir halt, wenn wir schon mal da sind, will ich wenigstens flachgelegt werden. Aber Pustekuchen! Dafür war er entweder immer zu besoffen, zu müde oder zu vollgefressen. Eines Tages komme ich zurück ins Hotel – ihr glaubt es nicht –, da erwische ich den Perversling doch glatt beim Wichsen im Whirlpool. Mit Pornos auf dem Handy. Ich nur so: ›Waaaah!‹ Vor lauter Schreck ist ihm das Ding ins Wasser geplumpst und ICH wurde dafür auch noch angemault: ›Kannst du nicht anklopfen?‹ Damit war die Sache für mich erledigt. Mal ehrlich, wofür fahre ich denn mit meinem Lover in die Südsee, wenn der sich lieber einen von der Palme wedelt, als mich unter Palmen zu nehmen?!«

Wir lächeln Françoise aufmunternd zu und versuchen, ein Kichern zu unterdrücken, die Geschichte war einfach zu stumpf. »Das Problem war wohl«, ergänzt meine Freundin tapfer, »dass ich mir so sehr wünschte, dass er der Richtige für mich ist. Ich hatte einfach keinen Bock mehr weiterzusuchen.« Verständnisvolles Nicken. »Aber mittlerweile bin ich echt froh, diesen pornosüchtigen, stillosen, alkoholkranken Lurch los zu sein.« Szenenapplaus in der Runde.

Nun bin ich an der Reihe. »Erinnert ihr euch an diesen Typen, von dem ich euch letzte Woche erzählt habe? Diesen gut aussehenden Filmproduzenten? Wir hatten ein Date. Großer Fehler! Zuerst schwafelte er stundenlang von irgendwelchen Vampirstreifen, dann erklärte er mir, dass sein wahrer Name gar nicht Edward sei, sondern er sich lediglich nach der Figur aus *Twilight* benannt habe. Eigentlich hieß der Junge Karl-Werner! Schließlich wollte er mir auch noch weismachen, dass es Vampire wirklich gebe und er sich, wenn er könnte, gerne beißen und verwandeln lassen würde. Daraufhin ich nur so: »Okay, aber du weißt schon, dass das alles ein Märchen ist?!« Er lächelte nur – so als hätte ich einen Witz gemacht –, fiel unangekündigt über mich her, biss mir in den Hals und stöhnte dabei: ›Ich will dich aussaugen, Baby.‹ Das war das gruseligste Date meines Lebens!«

Françoise prostet mir zu. »Ach du Scheiße, der hätte es bestimmt gerne mit dir in seinem Sarg getrieben.«

Jana, 41, ihres Zeichens Sängerin in einer Metalband und begeisterte Anhängerin von BDSM, ist gänzlich hin und weg. »Und? Was hat er noch alles mit dir angestellt?«

Ich, entsetzt: »Gar nichts. Ich hab die Flucht ergriffen. Das ging mir fürs erste Date zu weit.«

Jana stöhnt. »Für eine ehemalige Sexkolumnistin bist du manchmal echt ganz schön verklemmt.« Ich winke genervt ab.

»Das ist eben die Krux, wenn du datest«, mischt sich Kaja ein. »Du weißt nie, welchen Freak du dir ins Haus holst. Mein bisher absurdestes Date war in Paris während meines Auslandssemesters. Immer wenn ich umziehe, melde ich mich bei Tinder an, um neue Leute kennenzulernen. Mein Date, ein süßer blonder Student mit Wuschelkopf, und ich trafen uns im Park, dort packte er sogleich seine Gitarre aus und spielte mir eine Stunde lang schief und krumm französische Love-Chansons vor. Ohne Punkt und Komma. Als ich dann losmusste – weil ich sonst angefangen hätte, mich kaputtzulachen –, wollte er auch noch aus meiner Hand lesen! Ich dachte: Uhhh, jetzt kommt endlich etwas Witziges. Aber nachdem er meine angeblichen Lebens-, Herz- und sonstigen Linien betrachtet hatte, wurde er plötzlich ganz kleinlaut, klappte meine Hände zusammen und nuschelte auf Französisch, er würde mir das Ergebnis erst beim nächsten Date mitteilen. Aber dazu kam es natürlich nie. Schien er auch schon in meinen Händen gelesen zu haben.«

Françoise massiert sich melodramatisch die Schläfen. »Herrjemine. Also, ich habe es langsam satt, mich alle drei, vier Tage in irgendwelchen Bars herumzutreiben, bloß um Männer kennenzulernen. Dafür ist mir meine Zeit zu kostbar.«

Sabbel, ehemaliges Berliner It-Girl und alleinerziehende Mutter, zuckt mit den Schultern. »Warum denn nicht? Du hast wenigstens noch kein Kind am Hals. Mein Ex nimmt sie alle 14 Tage für sechs Stunden und erwartet dann noch Applaus. Zwischen Büro und Sport bleibt mir an diesem einen Tag maximal ein Zeitfenster von 30 Minuten, um Männer zu treffen. DAS ist dramatisch.«

Jana macht eine symbolische Verbeugung. »Du bist meine persönliche Heldin. Deine Tochter ist das niedlichste, am besten erzogene kleine Mädchen, das ich kenne. Und das hast du ganz allein geschafft. Wer braucht da noch Männer?«

»Ich«, meldet sich Kaja. »Für Sex.«

»Es gibt drei Regeln, um Tinder zu überleben«, meint Jana. »Erstens: Frag ihn, ob er verheiratet ist oder eine Freundin hat. Von selbst wird er nie im Leben damit herausrücken. Fang erst gar nicht damit an, auf unkompliziert zu machen. Zweitens: Wenn jemand zu dir sagt, dass er im Moment keine Beziehung will, heißt das eigentlich bloß, dass er keine Beziehung mit DIR will. Lauf! Drittens: Wenn es dich nach einer gesunden, liebevollen, monogamen Beziehung mit einem intelligenten, einfühlsamen Mann dürstet – reise nach Persien, mach dich auf die Suche nach einer Wunderlampe und trage deine Wünsche an einen Dschinn heran. Eine andere Chance gibt es nicht.«

Betretenes Schweigen. Ich räuspere mich. »Kennt ihr das? Zuerst seid ihr Ewigkeiten auf der Suche nach der großen oder wenigstens irgendeiner Liebe und werdet dabei immer wieder enttäuscht, verletzt, gedemütigt. Monatelang herrscht Ebbe in Sachen Love. Absolut niemand interessiert sich für euch, keiner ruft an. Doch dann, eines Tages, erhört Gott eure Gebete und schickt euch einen tollen Mann. Ihr seid endlich wieder glücklich! Und genau dann passiert es: In derselben Sekunde kommen plötzlich sämtliche alten Verehrer, Ex-Freunde und Männer, die ihr irgendwann mal gedatet habt, wie Orks aus ihren Löchern, um euch mit sehnsüchtigen Nachrichten, Einladungen und Angeboten zu bombardieren. Der Künstler, den du letztes Jahr auf Ibiza kennengelernt hast – plötzlich ist er in deiner Stadt und will mit dir Tapas essen gehen. Deine Affäre von vor drei Jahren hat spontan seine Verlobte verlassen, weil er erkannt hat, dass doch DU die Richtige für ihn bist. Sogar Kai-Uwe aus der Buchhaltung schickt dir plötzlich Blumen! Und du denkst nur so: Hä? Weshalb erkennen diese Trottel erst jetzt, was für eine Granate ich bin?!«

Sabbel schmunzelt wissend. »Das ist der männliche Jagdinstinkt. Die Tatsache, dass du frisch in einer Beziehung bist, verleiht dir eine Art Gütesiegel. Als Single warst du bloß eine Option – aber die hat jetzt ein anderer. Das macht die Männer wahnsinnig, weil sie ihre Felle davonschwimmen sehen.«

»Aus demselben Grund flirten viele Frauen übrigens so gerne mit verheirateten Typen«, ergänzt Françoise. »Allein der Gedanke daran, dass diese Männer wegen ihnen für einen kurzen Moment zumindest gedanklich ihre Ehe aufs Spiel setzen, törnt sie an.«

»Das ist doch krank«, empöre ich mich. »Die Leute wollen immer bloß das, was schwer zu kriegen ist. Das ist so dumm.«

Zufällig greifen wir alle gleichzeitig nach unseren Weinflaschen und gießen unsere Gläser noch mal randvoll. »Ich muss euch ein Geständnis machen«, murmelt Kaja und macht eine dramatische Pause. »Mein neuer Lover – es läuft richtig gut mit uns, wisst ihr ja. Aber im Bett, da hat der bisher noch nie einen richtigen Steifen bekommen. Könnt ihr euch das vorstellen? Ich gebe seit vier Monaten echt alles, aber sobald ich mit dem Kondom winke – zack! –, ist der Zauber vorbei.«

»Das ist die neue Sexflaute«, referiert Sabbel. »Die Männer gucken zu viele Pornos. Normaler Sex mit einer normalen Frau genügt denen nicht mehr. Die sind schon total abgestumpft.«

»Glaubst du echt?«, fragt Kaja und trinkt einen großen Schluck Wein. »Aber ... er hat doch mich.«

»Du bist sicherlich nicht die Einzige, die zwar einen Freund hat, aber keinen Sex. Forscher haben herausgefunden, dass Menschen in Beziehungen heute immer weniger Lust auf Sex haben und auch die Jüngeren viel seltener miteinander schlafen als Menschen früherer Generationen im selben Alter«, erklärt Sabbel weiter.

»Vielleicht sind das unbewusste Reaktionen auf neueste Fortschritte in der Wissenschaft. Mittlerweile ist es möglich, Kinder komplett im Labor zu zeugen«, erzähle ich. »2019 kam in China das erste ›Designerbaby‹ zur Welt. Unsere Körper werden demnächst quasi überflüssig!« Das behauptet zumindest der Bioethiker und Jurist Hank Greely von der Universität Stanford in Kalifornien. Bald würde es genügen, eine Hautprobe zu entnehmen und diese in eine Reproduktionsklinik zu senden, wo die enthaltenen Zellen zu Stammzellen umprogrammiert würden. Der fertige Embryo könne wahlweise von einer Leihmutter ausgetragen oder in einen künstlichen Uterus implantiert werden.[40]

»Fauler geht's echt nicht«, empört sich Jana. »Wozu brauchen wir unsere Körper dann überhaupt noch?«

Françoise räuspert sich. »Ich habe gelesen, dass die meisten Menschen in festen Partnerschaften nach anderthalb bis vier Jahren unzufrieden mit ihrem Sexleben sind. Vor allem Frauen haben dann immer weniger erotisches Interesse an ihrem Partner – aber nicht an Sex an sich. Ging mir in meinem Urlaub übrigens ähnlich …«

»Am schlimmsten finde ich, wenn man schon dem gesamten Freundes- und Familienkreis von einem Mann vorgeschwärmt hat, weil es sich so angefühlt hat, als sei man wirklich zusammen und das Ganze hätte Zukunft«, sage ich. »Und dann geht doch alles wieder in die Hose, und du musst gefühlt erst mal eine Pressemitteilung an all deine Freunde und die Familie rausschicken, damit alle Bescheid wissen. Das tut weh …«

»Ich misstraue inzwischen meinen Gefühlen und frage mich, wie das immer wieder passieren kann«, murmelt Françoise.

»Zuerst bist du total schockiert, dass du dich so getäuscht hast«, meint Kaja. »Aber wenn du die Geschichte mit etwas Abstand betrachtest, wird dir meist klar, dass das Ganze von Anfang an unter keinem guten Stern stand.«

»Männer sind oft viel rigoroser«, wirft Sabbel ein. »Die machen sofort Schluss, wenn sie auch nur den Hauch eines Zweifels haben. Frauen halten viel länger krampfhaft an etwas fest, was längst schon kaputt ist.«

»Ich glaube, genau das ist der Punkt«, sagt Jana. »Die Männer spüren intuitiv, wenn es dir gar nicht um sie selbst als Mensch geht, sondern bloß darum, irgendjemanden für eine Beziehung zu haben, um nicht allein dazustehen.«

»Ich glaube, ich nehme einfach das Baby aus dem Labor und gut ist es«, merkt Kaja an.

Damit ist für heute alles gesagt.

»Moment noch, was ist eigentlich aus diesem Italiener geworden?«, schiebt Sabbel schnell hinterher. »Ihr hattet doch vor drei Wochen oder so ein richtig tolles, romantisches Date!«

»Ja, schon«, grummelt Kaja. »Aber seitdem hat er sich ... irgendwie nicht mehr ... gemeldet.«

Alle Frauen im Chor: »Uff.«

Die Wahrheit ist, dass uns Männer mit der Art, wie sie (nicht) mit uns kommunizieren, häufig an den Rand des Wahnsinns treiben. Um es gleich vorwegzunehmen: Wenn die Kommunikation scheiße ist, lasst es lieber gleich sein. Den Richtigen erkennt man unter anderem daran, dass es ein unkompliziertes Vergnügen ist, mit ihm zu texten. Viele wollen das nicht wahrhaben und quälen sich monatelang durch schwerfällige Chats – weil sie sich so sehr wünschen, dass es klappt. Mittlerweile ist es selbstverständlich, Freundinnen Screenshots von Chatverläufen zu schicken, um jedes Emoji akribisch analysieren zu lassen.

Typische Sätze, die von einer verunsicherten Frau stammen:

- *»Warum hat er immer noch nicht geantwortet, obwohl die Häkchen seit drei Stunden blau sind?«*
- *»Soll ich ihn noch mal antexten, obwohl ich vor zwei Tagen zuletzt geschrieben habe?«*
- *»Oh, Scheiße, er ist online! Ich schalte in den Flugmodus, der soll genauso leiden wie ich.«*

Da wünscht man sich fast die Brieftaube zurück. Die kam entweder an oder nicht und so bot sich wenig Raum für Überinterpretationen. Die folgende Liste soll helfen, im Kommunikationswirrwarr klarer zu sehen:

- *Wenn er dir nicht oft schreibt, bist du ihm wahrscheinlich auch nicht so wichtig.*
- *Er fragt nicht nach dem nächsten Treffen? Dann hat er auch keinen Bock darauf.*
- *Du wartest seit Stunden auf eine Antwort und es kommt nichts, obwohl er online ist? Dann scheiß auf den Typen.*
- *Er meldet sich gar nicht mehr bei dir, obwohl ihr schon sechs perfekte Dates hattet? Dann hat er sein Handy vermutlich im Suff im Club liegen lassen.*

Und es gibt ein paar Alarmsignale, die du keinesfalls ignorieren solltest. Sie wahrzunehmen und entsprechend zu reagieren schützt vor falschen Hoffnungen und fiesen Enttäuschungen.

Dickpic-Alarm
Er meldet sich zwar zuverlässig bei dir, aber immer bloß mit leicht lalligem Unterton spätnachts. Und er fordert Nacktfotos oder verschickt ungefragt Dickpics. Merke: Sexting, der schriftliche Dirty Talk, zählt erst als »Liebesbeweis«, wenn ihr fest zusammen seid.

Ungleichgewicht
Er antwortet zwar auf deine Nachrichten, aber von selbst meldet er sich so gut wie nie. Treffen stimmt er zwar zu, schlägt aber selbst nie etwas Konkretes vor. Erklärung: Er ist halt auch nur ein Mann und denkt sich: Wenn sie es schon anbietet? Nehme ich das halt mit. Euphorie geht anders.

Screenshot-Analyse
Du wirst aus seinen Nachrichten einfach nicht schlau und leitest sie ständig an Freundinnen zwecks Analyse weiter? Uff. Schlechtes Zeichen.

Stock im Arsch
Emojis oder GIFs? Für ihn ein No-Go. Stattdessen schickt er dir ellenlange, garantiert tippfehlerfreie Romane, in denen jedes Komma stimmt. Wenn du dich dabei ertappst, wie du deinen persönlichen Schreibstil verstellst, um zu gefallen, läuft etwas falsch.

Arbeitszeiten
Wer im Büro arbeitet, kann oft aufs Handy schauen. Andere Berufsgruppen lesen ihre Nachrichten erst nach Feierabend. Zeit für eine kurze Antwort zwischendurch hat aber jeder – vorausgesetzt, die andere Person liegt einem am Herzen.

DANKE, ICH HAB SCHON. ODER: UWE VON DER FREIWILLIGEN FEUERWEHR

Heute heiratet meine Cousine Katy. Sie ist erst 24 und trotzdem sicher, den Partner fürs Leben gefunden zu haben. Mutig! Großartig! Beneidenswert! Naiv?! Meine Oma und ich gehen untergehakt den Weg ins Standesamt, sie flüstert: »Eigentlich wärst du ja erst mal dran gewesen, Henny. In deinem Alter hatte ich schon zwei Kinder!«

Ich zucke hilflos mit den Schultern. Klar, Oma möchte nur das Beste für mich. Sie ist Mitte achtzig, hat nie Autofahren oder Schwimmen gelernt, den Großteil ihres Lebens in unserem kleinen niedersächsischen Heimatdorf verbracht und sich ihr Leben lang als Hausfrau und Mutter aufopfernd und liebevoll um ihre Familie gekümmert. Als ich ein kleines Mädchen war, hat sie vormittags immer auf mich aufgepasst, wenn meine Mutter arbeiten war. Wir haben eine sehr innige Beziehung. Trotzdem fällt es ihr schwer, sich vorzustellen, wie mein Leben als berufstätige Großstadtfrau so aussieht. Aus ihrer Sicht fehlt mir etwas. Das sehe ich ganz anders. Solange ich auf dieser Feier nicht wieder am Kindertisch platziert werde, wie neulich auf dem 70. Geburtstag von Onkel Herbert. Meine just gescheiterte Beziehung mit meiner Jugendliebe war damals DAS Gesprächsthema am kalten Büfett. Deshalb hatte ich mich auch den ganzen Abend demonstrativ mit meinem zehnjährigen Cousin Kevin-Steve über Pokémon GO unterhalten und die fiesen Erwachsenen geschnitten.

»Oder magst du vielleicht lieber Frauen, Henny? Das wäre auch in Ordnung«, bohrt Oma weiter, während wir uns hinsetzen.

Ich schüttele den Kopf. »Nein, Oma, ich steh auf Männer. Aber die guten Exemplare wachsen halt nicht auf den Bäumen.« Wir kichern. »Nimm dir ruhig Zeit, Kind. Es soll ja auch passen. Hauptsache, du wirst glücklich! Pass nur auf, dass du nicht zu lange wartest, sonst ergeht es dir wie Tante Gisela – und du bekommst nicht mal mehr einen von den glatzköpfigen Dicken ab.«

Ein entfernter Onkel, der hinter uns sitzt, steigt prompt ins Gespräch ein: »Bei mir in der freiwilligen Feuerwehr, also der Uwe, der hat dein Alter und übernimmt bald den Hof seiner Eltern. Der sucht auch noch! Soll ich dem mal deine Nummer geben, Deern? Wär doch gelacht, wenn wir dich nicht unter die Haube kriegen.«

Ich verneine stirnrunzelnd und erkläre meinem Onkel, dass heute nicht mehr alle die Ehe als ultimatives Endziel auf dem Zettel stehen haben und ich auch ohne Trauschein ganz gut zurechtkomme.

Mein Onkel runzelt die Stirn. »Okay, verstehe. Fe-mi-nismus oder wie nennt sich das? Aber trotzdem, der Uwe, der ist wirklich ein ganz Lieber …«

Nach der Trauung geht's zur anschließenden Party in eine rustikale Scheune in mein Heimatdorf. »Ich war früher genau wie du«, raunt mir die bereits erwähnte Tante Gisela beim Sektempfang zu, während das Brautpaar vor einem geschmückten Traktor für den Fotografen posiert. »Stolz, eigenwillig, wählerisch – und plötzlich war ich Ende vierzig und wurde mit jedem Tag unsichtbarer für die Männer. Ich hab damals den Absprung verpasst, und alles, was ich heute noch kriege, sind Falten. Is so, is so.« Alles klar.

Ich exe meinen Sekt und geselle mich zu einer Gruppe jüngerer Frauen, die sich alle in bodenlange Abendkleider geschmissen haben. Es riecht nach Haarspray und latentem Neid. »Ich kann nicht fassen, dass Tobi ihr schon nach drei Monaten einen Antrag gemacht hat. Ich bin jetzt seit zehn Jahren mit dem Markus zusammen – und der will immer noch warten. WORAUF denn bloß?«, ereifert sich eine üppige Brünette in Korsage und wirft dem glücklichen Brautpaar einen giftigen Blick zu.

Ein schmales Blondchen nickt zustimmend. »Ich bin jetzt 26. Wenn mir Robert nicht bald einen Ring an den Finger steckt, suche ich mir einen anderen. Ich will auf jeden Fall zwei Kinder, bevor ich 30 werde.« Plötzlich fällt ihre Aufmerksamkeit auf mich. Hatte ich etwa gerade laut geseufzt? Ups.

»Und was ist mit dir?«, will die dralle Brünette von mir wissen. Ich laufe kurz rot an. »Ähm ... was denn?«

»Na, willst du auch mal heiraten?«

»Nö. Ehrlich gesagt. Nächsten Monat fliege ich erst mal für ein paar Monate nach Goa. Ein bisschen an Texten feilen, runterkommen, Yoga machen ...«

»Hä? Und was ist mit deinem Freund? Kommt der auch mit?«

»Es gibt gerade gar keinen.«

»Oje.«

»Oh doch!«

Peinliche Stille.

»Habt ihr mal *Die letzten Tage des Patriarchats* von Margarete Stokowski gelesen?«, frage ich. »Ihre These lautet, dass in unserer Gesellschaft häufig so getan werde, als sei die Beziehungsform Ehe für die Gesellschaft wertvoller als andere Arten des Zusammenlebens. Das Gefühl habe ich hier ehrlich gesagt auch gerade. Und das nervt! Stokowski beschreibt zum Beispiel Ehegattensplitting als ein zentrales Machtinstrument, mit dem der Staat das Patriarchat stützt. Und das, obwohl jede dritte Ehe geschieden wird und Kinder auch ohne Ehe zustande kommen. Erst die Abschaffung des Splittings würde die Ehe angemessen würdigen, weil dadurch sichergestellt würde, dass Menschen nicht aus so banalen Gründen wie eingespartem Geld heiraten würden.«[41] Mittlerweile spreche ich mit mir selbst an meinem kleinen, mit roten Glitzerherzchen dekorierten Stehtisch.

Kürzlich hat mir eine Freundin erzählt, dass sie zusammen mit ihrem Freund mal durchgerechnet hätte, welche finanziellen Vorteile ihnen eine Hochzeit bringen würde. Sie haben ein gemeinsames Kind und arbeiten beide in sehr gut bezahlten Jobs, der Mann verdient allerdings noch wesentlich mehr. »Wenn wir beide ganz normal arbeiten, hätten wir am Monatsende netto exakt dasselbe, als wenn ich gar nicht arbeiten würde. Ist das nicht verrückt?«

Logisch also, dass manche Frauen in derselben Situation lieber zu Hause bleiben. Allerdings zahlen sie dann auch nichts in ihre Rentenkasse ein und wären nach einer Scheidung stark benachteiligt. Viele landen in der Altersarmut, wenn sie sich ihr Leben lang um den Haushalt und die Kindererziehung gekümmert haben, statt zu arbeiten. Wer sich das klarmacht, ist in jedem Fall etwas vorsichtiger.

In Indien gehen die Leute von Beginn an etwas sachlicher an das Thema Ehe heran. Die Partnersuche findet überwiegend über Kontaktanzeigen in Tageszeitungen statt, geschaltet von den Eltern. Dabei wird das »heiratsfähige Material« knallhart nach Kasten unterteilt. Aus Liebe heiraten nur die wenigsten. Stattdessen müssen potenzielle Gattinnen und Gatten vor der ersten Begegnung erst mal Nettoeinkommen, Wohnsituation, Herkunft sowie Familienverhältnisse offenlegen. Bei Frauen werden zudem gerne die Kochkenntnisse abgefragt. Fotos sind dabei nicht im Spiel.

Wenn Heiratswillige bei uns auch so gnadenlos ehrlich wären, könnten arrangierte Ehen per App vielleicht sogar funktionieren. Doch hierzulande kuschen erstaunlich viele Leute bei der Partnerwahl vor den Erwartungen ihres Umfelds. Wen oder was soll ich wollen, um ein beneidenswertes, gesellschaftlich hoch anerkanntes Vorzeigeleben präsentieren zu können? Das führt in vielen Fällen dazu, dass Menschen ihre eigenen Bedürfnisse verleugnen und falschen Idealen hinterherrennen. Sicherlich einer der Gründe, weshalb aktuell fast jede dritte Ehe in Deutschland geschieden wird. Und so ist es auch kein Wunder, dass sich immer mehr junge Menschen professionelle Unterstützung bei der Partnersuche wünschen. Kürzlich stolperte ich bei Facebook über eine Anzeige für eine schräge App namens »Marry me – let love happen«, auf der Heiratswillige zueinanderfinden können. Früher war es doch auch so, dass sich vor allem junge Menschen auf Bällen oder beim sonntäglichen Promenieren durch die Städte präsentierten beziehungsweise von den Eltern präsentiert wurden.

Neulich habe ich irgendwo ein Plädoyer für die Vernunftehe gelesen. Der Autor war der Ansicht, dass arrangierte Ehen perfekt in die heutige schnelllebige Zeit passen würden. Die Beteiligten müssten nicht mehr so viel kostbare Zeit auf Datingportalen oder in Nachtclubs verplempern und könnten sich wieder mehr auf die wirklich wichtigen Dinge im Leben (äh, welche waren das noch mal?) konzentrieren.

Ein interessanter Ansatz. Bleibt nur die Frage, wer solche Vernunftehepartner für einen aussuchen soll. Man selbst wäre ja wohl kaum so tief gesunken, äh, weit gekommen, wenn man bisher gute Entscheidungen in Liebesdingen getroffen hätte. Also müssen das andere für einen machen, die rationaler, weitsichtiger und eben vernünftiger denken. Das könnte zum Beispiel ein Gremium aus guten Freunden sein. Oder die Eltern. Oder ein Algorithmus. Die sich Anbietenden sollten ruhig mit einer Mitgift ausgestattet sein – damit sich die andere Person auch anständig benimmt. Alternativ könnte frau natürlich einen alten Freund ehelichen und umgekehrt. Einen Menschen, mit dem man sich schon immer prima verstanden hat. Der seit Jahren dieselben Ansichten, Interessen, Werte vertritt, einem schon seit Jahrzehnten nahesteht. Gut, das Knistern würde fehlen. Aber sonst? Könnte man ganz in Ruhe zusammen Kinder bekommen, ein Haus bauen, Cluburlaub machen ... Glücklich werden?! Das kommt ganz darauf an, wie zufrieden man gerade so mit seinem Leben ist. Viel auf Achse? Großer Freundeskreis? Immer Action? Dann ist so ein Leben als On-Off-Single doch voll okay. Das für eine Vernunftehe aufs Spiel zu setzen erscheint risikoreich. Vorteil: Man hätte auf Hochzeiten endlich mal seine Ruhe.

Zeit für einen Drink an der Bar. Dort sitzt auch der Trauzeuge des Bräutigams. Mein Alter, schicker Anzug, stechend blaue Augen. Er nickt mir lässig zu. »Hi.«
»Moin.«
»Schnaps?«
»Unbedingt.«
Wir plaudern eine Weile. Der Trauzeuge arbeitet als Aushilfskellner, abgebrochenes Studium, WG-Life. Er scheint eher so der unentschlossene Typ zu sein. Irgendwann rutscht er näher an mich heran, macht mir Komplimente. Es wird flirty! Muss wohl an der Atmosphäre liegen. Der DJ spielt gerade *When a man loves a woman*. Mr. Trauzeuge ergreift meine Hand, streicht mir eine Haarsträhne aus dem Gesicht. Wir schauen uns tief in die Augen. Dann lässt er die Bombe platzen.
»Okay, erzähl mal – willst du mal Kinder?«
Hä? Hab ich irgendwas verpasst?
»Ähm, das geht mir jetzt aber ein bisschen schnell«, antworte ich.
Er: »Ich frage eher so generell. Gib es ruhig zu!«
Ich: »Was denn zugeben?«
Er: »Dass du Kinder willst.«

Ich: »Ääähh … Ich bin mir da erstens überhaupt nicht sicher. Und zweitens: Was geht dich das an? Wir kennen uns doch gar nicht.«

Er: »Frauen über 30 KÖNNEN doch gar nichts anderes wollen, als einen Mann zu Fortpflanzungszwecken zu finden.«

Ich: »Bitte?«

Aber der Trauzeuge macht einfach weiter und erklärt mir als Nächstes, dass er Frauen über 30 allgemein zu anstrengend fände, weil die alle viel bessere Jobs hätten als er, mehr Geld verdienten, geilere Wohnungen hätten, weiter gereist seien. Das fände er mühsam. »Da suche ich mir echt lieber eine 20-Jährige, die lassen sich leichter beeindrucken und haben im Zweifel auch noch den geileren Arsch.« Dann mustert er mich auf frivole Weise und fragt: »Bock auf Knutschen?«

Ich seufze genervt und krame in meiner Handtasche, bis ich ganz tief unten mein »plus eins« finde: den kleinen goldfarbenen Elefanten von meinem Schreibtisch. Sein Versprechen, mich auf die Hochzeit meiner Cousine zu begleiten, hat er tatsächlich gehalten. Behutsam streichele ich über seinen kühlen, glatten Rücken und stelle ihn ganz vorsichtig vor mir auf den Tresen, denn er muss sich bestimmt erst mal akklimatisieren. Sofort hebt er seinen kleinen Rüssel, schüttelt sich und stößt ein wütendes »Törööö« aus.

»Pfui Teufel! Ich klemme seit zwei Stunden zwischen aufgeweichten Hustenbonbons und einem benutzten Taschentuch in deiner Clutch fest. Geht's noch?!«

Der Trauzeuge traut seinen Augen nicht, fällt vor Schreck rückwärts vom Barhocker und prellt sich dabei die Schulter.

»Danke«, sage ich zum Elefanten. »Du hast mich schon wieder gerettet!« Er nickt und lässt sein Rüsselchen – als wollte er sich belohnen – ganz tief in meinen Gin Tonic gleiten …

Ich meine, mit 22 mal einen halben Antrag bekommen zu haben. Damals saß ich mit meiner Jugendliebe auf dem Balkon eines schäbigen kleinen Hotelzimmers inmitten der Teeplantagen des indischen Bergdörfchens Munnar. Wir hatten gekifft, betrachteten den Sonnenuntergang und sinnierten über unsere gemeinsame Zukunft: »Wir könnten es einfach hier tun. In einer freien Zeremonie.« Mein Freund ergriff meine Hand. »Willst du?«

Ich schluckte. Ja, ich liebte ihn von ganzem Herzen, und ja, ich konnte mir zum gegenwärtigen Zeitpunkt nicht vorstellen, noch einmal einen anderen Mann mehr zu lieben als ihn. Mein Herz fing wie wild an zu schlagen. Aber nicht vor lauter Freude. Ich bekam plötzlich keine Luft mehr und mir wurde schwarz vor Augen. Panikattacke! Eilig sprang ich auf, rannte ins Bad und ließ kaltes Wasser über meine Handgelenke laufen. »Ich gehe mir mal eine Cola kaufen«, japste ich.

Mein Freund fand das ziemlich lustig. »Ey, chill mal, Henriette. Das war doch bloß so ein verrückter Gedanke«, rief er mir hinterher. Aber da war ich schon zur Tür hinaus.

Was also war es, das mir förmlich das Blut in den Adern gefrieren ließ – beim Gedanken, mich bereits mit 22 lebenslang an einen anderen Menschen zu binden?

- *Punkt eins: Bisher hatte ich ausschließlich mit meinem Freund geschlafen. Das war mir definitiv zu wenig. Fand ich. Obwohl wir zusammen reichlich Spaß in der Kiste hatten, wollte ich unbedingt noch mehr Erfahrungen sammeln.*
- *Punkt zwei: Ich verdiente zum gegenwärtigen Zeitpunkt bereits mein eigenes Geld, mein Freund studierte noch. Im Falle einer Scheidung wäre ich also unterhaltspflichtig gewesen. Darauf hatte ich, im Grunde meines Herzens war ich eben doch eine kleine Sicherheitsfanatikerin, absolut keinen Bock.*

- *Punkt drei: Kein normaler Westler heiratet freiwillig mit 22! Die Wahrscheinlichkeitsrechnung arbeitet einfach gegen dich. Romantik hin oder her. Auch unsere Ehe wäre vermutlich den Bach runtergegangen, denn obwohl wir uns viele Jahre von Herzen liebten, waren wir beide nicht immer treu – was übrigens nie persönlich oder unhöflich gemeint war, sondern eher an unserer XXL-Fernbeziehung lag.*
- *Punkt vier: Ich fand, dass ich in meinem Leben noch nicht genügend Fehler gemacht hatte, um wirklich zu wissen, was ich wollte. Mittlerweile finde ich aber, dass ich damit mal langsam aufhören könnte.*

ENDLICH CHILLEN MIT 40? ODER: DIE ABSOLUTION VON CANDACE BUSHNELL

Ich liebe meinen Job. Er gibt mir zu jeder Zeit die Möglichkeit, meine persönlichen Fragen an das Leben mit Hochkarätern ihres Fachs zu besprechen. Wenn ich zum Beispiel Liebeskummer habe oder Ärger mit Männern, rufe ich einfach einen Paartherapeuten an und schreibe hinterher den passenden Artikel zum Thema. Letztes Jahr, als ich gerade in den düsteren Untiefen eines heftigen Liebeskummers versunken war und alles auf »Krise« stand, bekam ich von einem Magazin den Auftrag, die *Sex-and-the-City*-Erfinderin Candace Bushnell zu interviewen. Ich dankte sogleich Gott auf Knien! Bushnell ist für Frauen meiner Generation so etwas wie ein moderner Liebesguru. Die Serie, die auf ihren eigenen Erfahrungen als Singlefrau in ihren Dreißigern in Manhattan basiert, brachte 1998 die Wahrheit über das aufregende, unabhängige Leben moderner Großstadtfrauen ins TV. Es ging um One-Night-Stands, toxische Beziehungen, schräge Dates, glamouröse Mode und Partys, aber auch um Hochzeits- und Babydruck – und vor allem: die Suche nach der großen Liebe. Je älter ich wurde und mich peu à peu dem Alter der Protagonistinnen annäherte, desto mehr erschien mir *SATC* wie eine Doku über mein Leben. Während ich ihre Sorgen und Nöte mit 15 überwiegend als völlig absurde Comedy bewertete, habe ich mittlerweile geschnallt: Diese Serie ist eher so etwas wie eine Real-Life-Doku über die Dreißiger! Bei vielen Folgen denke ich heute: »Huch, genau wie bei mir neulich!«

Und wenn ich mit Freundinnen über Männer spreche, fällt oft der Satz: »Das ist ja genau wie in dieser einen Folge, als Miranda ...«

2020 veröffentlichte Candace Bushnell ein neues Buch über die Phase jenseits der fünfzig, in dem es um zerplatzte Träume, Scheidungen und Tinder-Dates geht. Der Aufhänger für mein Interview, welches ich im Auftrag des psychologischen Frauenmagazins *Emotion* führen durfte. So kam ich nicht umhin, mich zu fragen: War auch dieses Werk ein Blick in meine Zukunft?

Frau Bushnell und ich treffen uns bei Zoom. Meine Ikone trägt Brille, die platinblonden Haare sind perfekt frisiert – ich falle direkt mit der Tür ins Haus: »Ich bin frisch getrennt, alle um mich herum heiraten. Dating nervt. Was, wenn ich nie den Richtigen finde? Oder ist das nur eine Phase? Falls ja: Gibt es Pillen dagegen?!«

Bushnell nippt mit einem amüsierten Lächeln an ihrem Kaffee. »Lass dich nicht unnötig unter Druck setzen, Süße. Deine Werte, also das, was du denkst, haben zu müssen, hängt von der Welt ab, in der du dich bewegst. Ist doch völlig logisch: Wenn alle um dich herum vergeben sind, ist der Druck größer, dieser Welt anzugehören. Dein Glück hängt also davon ab, wie dringend du dazugehören willst.«[42]

Ich überlege angestrengt. In erster Linie wollte ich nicht ständig von allen möglichen Leuten nach meinem Beziehungsstatus gefragt werden. Bloß weil ich über 30 war, hieß das noch lange nicht, dass ich ab sofort überall nur noch mit einem »plus eins« aufkreuzen musste, um als Frau vollständig akzeptiert zu werden. Die Frage lautete also: War ich wirklich bereit für eine Beziehung und hatte ich Lust, mich zu verlieben? Oder hechelte ich bloß irgendeinem konservativen Ideal hinterher, um dazuzugehören?

Ein Problem sei, dass wir im Fernsehen ständig aalglatte Happy Ends serviert bekämen und dann sei Schluss, erklärt mir Candace Bushnell. Carrie hätte ja am Ende der Serie *Sex and the City* ihren

Traummann Mr. Big bekommen. »Aber hat mal einer gefragt, wie es weitergegangen ist?«, will Bushnell wissen und schaut mich augenzwinkernd über den Rand ihrer Brille an. »Auch ein Mr. Big kann dich in den Wahnsinn treiben.« Klar, das wusste ich selbst. Früher oder später machten einen die Männer mit ihren verstörenden Eigenarten wahnsinnig. Und umgekehrt natürlich genauso. »Falls du trotzdem heiraten willst, sag einfach allen Bescheid, die du kennst. Deinen Eltern, dem Busfahrer, der Supermarktkassiererin ... Die Leute lieben es, Menschen zu verkuppeln! Alternativ könntest du auch einfach deine Freiheit genießen. Ich habe gehört, Berlin soll aufregend sein. Warum gehst du nicht dorthin und umgibst dich mit anderen Freigeistern?«

Kaum zu fassen, diese geniale Frau hatte innerhalb von wenigen Minuten (!) durchschaut, was mein, äh, Problem war: Ich wollte überhaupt nicht so leben wie all die glücklich verheirateten, Nachwuchs gebärenden Vorzeigepärchen. Nein, ich war einfach nur eitel und verletzlich – und wünschte mir von ganzem Herzen, dass die Gesellschaft (wer auch immer das sein mochte!) meinen ganz individuellen Lebensentwurf, für den ich hart gearbeitet und gekämpft hatte, als mindestens ebenso erstrebenswert und beeindruckend ansah wie den der anderen. Mit ihren Häusern, Kleinkindern, Hochzeitsfotos. Tauschen? Nö. Gleichzeitig war ich für alle möglichen Zwischenlösungen offen, aber bitte sehr nach dem Motto: *I did it my way.* Schuld sind natürlich meine Eltern. Die haben mich als Kind viel zu sehr behütet. Logisch also, dass ich es, sobald ich volljährig war, so richtig krachen ließ. Mein Vater zitiert bis heute gerne meinen ersten, beinahe vollständigen Satz als Kleinkind: »Henny aheine!« – Henriette will das alleine machen! Tja.

Candace Bushnell fährt unterdes fort: Ende der 1990er habe sie niemanden in Manhattan gekannt, der mit Mitte dreißig schon verheiratet war. »Und wenn doch, warst du ein langweiliger Loser.«

Das sagt sie, ohne mit der Wimper zu zucken. Ich finde das etwas hart, denn ich selbst kenne allein schon drei bis sechs richtig coole, glückliche verheiratete Paare. Trotzdem muss ich sehr laut lachen. »Alle meine Freundinnen, alles aufregende, unabhängige Frauen, haben irgendwann tolle Partner gefunden«, fährt Frau Bushnell fort. »Aber erst mit Anfang vierzig! Sie haben mit Mitte vierzig Kinder bekommen, ich habe auch erst mit 42 geheiratet.« Hört, hört. »Du kannst dich natürlich auch mit irgendjemandem zusammentun, um nicht allein zu sein. Allerdings glaube ich nicht, dass du das nötig hast«, sagt sie und schaut mich prüfend durch den Bildschirm an. »Ich meine, worum geht es hier? Ein gebrochenes Herz? Selbstzweifel? Ein Teil dieser Gefühle entsteht, weil du glaubst, etwas stimme nicht mit dir, weil du die Dinge anders machst als andere Frauen in diesem Alter.« Stimmt. Dabei tat ich das ja alles freiwillig und gerne.

Bushnell war übrigens nicht immer so abgeklärt. »Eine Woche vor meinem Vierzigsten hat mich der Typ sitzen lassen, mit dem ich ein halbes Jahr ausgegangen war. Er meinte: ›Ich verlasse dich, weil du 40 wirst und darauf komplett neurotisch reagierst.‹ Als meine Mutter an meinem Geburtstag anrief, fing ich an zu heulen: ›Ich bin 40 und nicht verheiratet. Ich werde es nie sein.‹«

Solche Gedanken kenne ich. Deshalb finde ich es tröstlich zu sehen, wie gut es Candace Bushnell heute geht. Sie ist zwar geschieden, angeblich aber heute viel glücklicher als damals in ihrer Ehe. Seit drei Jahren hat sie einen Freund. »Wir sehen uns nicht täglich, leben in unseren eigenen Häusern, wollen keine Familie mehr gründen. Also haben wir viel mehr Möglichkeiten.« Klar, wenn der (Baby-)Zug abgefahren ist, kann man sich zurücklehnen – und sich endlich entspannen. »Früher dachte ich, ich muss bis 40 alles geregelt haben«, gesteht mir die 62-Jährige. »Heute weiß ich, das geht auch gut danach.« Die viele Arbeit habe sie allerdings irgendwann ausgezehrt. »Als die Fünfzig vor der Tür stand, war ich nur noch müde. Mein Mann verliebte sich in eine 23-jährige Tänzerin, verließ mich.« Sie schiebt noch schmunzelnd hinterher: »Wahrscheinlich wollte sie ihn mehr als ich.«

Nach ihrer Scheidung fiel die Starautorin in ein tiefes Loch. »Ich war eine Frau, Single, selbstständig, über 50 und bekam deshalb keine neue Hypothek auf meine Wohnung. Es war, als wollte mich das System niederringen.« Mit Ende fünfzig zog sie aufs Land und entschloss sich dazu, für eine Weile männerlos zu leben. Das kann durchaus heilsam sein, das weiß ich aus eigener Erfahrung. Und hinterher hat man dann wieder so richtig Freude an ihnen. So wie Ferdinand von Schirach nach einer anderthalbstündigen Talkshow-Aufzeichnung an einer schönen Schachtel Zigaretten.

Durch ihre gescheiterte Ehe lernte Bushnell mit Ende fünfzig eine wichtige Lektion: »Ein Leben, das von außen betrachtet völlig okay zu sein scheint, kann innen ziemlich mies sein. Es passieren einem immer wieder üble Sachen, egal, wie sehr man sich um Perfektion bemüht.« Mein Stichwort dazu: Instagram. Dating sei heute viel komplizierter als noch in den 1990er-Jahren, glaubt Bushnell. »Viele Frauen beschweren sich, dass einige Männer zuerst total euphorisch sind, alle Zeichen auf Beziehung stehen – und nach zwei Wochen hörst du nichts mehr von ihnen. Sie sammeln nur noch.« Dies hätte sie häufig von jüngeren Freundinnen in New York gehört, die auf Tinder unterwegs sind. Diesen Effekt sehe ich umgekehrt aber genauso: Es gibt auch genügend Frauen, die sich nach einer gewissen Zeit zuverlässig in einer monogamen Beziehung langweilen. Ging mir früher auch so. Meine Zwanziger waren wild. Aber jetzt sehne ich mich ehrlich nach Verbindlichkeit, Sicherheit und Wärme. Zumindest momentan, wo ich nichts davon auch nur ansatzweise habe. Leider ist es heutzutage verdammt schwer, einen Partner zu finden, den du erstens geil findest und der zweitens zur selben Zeit auch noch genauso dasselbe von dir will wie du von ihm.

Und dann gibt mir Candace Bushnell einen der besten und klügsten Ratschläge, die ich jemals gehört habe, und der mich etwa ein halbes Jahr später mit dem Mann zusammenbringt, den ich heute liebe und der auch mich liebt: »Wenn du die richtige Entscheidung treffen willst, musst du überhaupt erst mal eine Entscheidung treffen. Ich lege mich ja auch fest, ein bestimmtes Buch zu schreiben, obwohl ich es manchmal hasse und keine Lust habe. Aber ich habe nun mal zugesagt, also mache ich es fertig. Sonst würde ich gar nichts hinkriegen! So ist es auch mit Beziehungen.« Sieh an! Sogar eine Weltbestsellerautorin hat manchmal null Bock auf ihre Arbeit. Das fand ich damals einigermaßen aufbauend. Und ahnte noch nicht, wie intensiv ihre Worte noch Monate später in mir nachhallen würden.

Mit 57 probierte Bushnell dann zum ersten Mal Tinder aus. Fazit? »Jedes Mal wenn ich mit Männern spreche, sagen sie, dass sich andere Männer auf Tinder wie Arschlöcher verhalten. Frauen wollen das nicht wahrhaben. Wir malen uns in der Fantasie aus, wie schön alles werden könnte. Zeitverschwendung! Ich war mal Feuer und Flamme für mein Date, ohne ihn zu kennen. In der Bar wusste ich nach zwei Minuten, dass es nichts wird.«

Notiz an mich: Alle Dating-Apps endgültig löschen. Das wäre nämlich mein Albtraum: mit 60 immer noch auf Tinder wischen. Sage ich JETZT. Vermutlich weiß es Candace am Ende wieder besser – und ich stehe in 20 Jahren an derselben Weggabelung wie die Starautorin heute. Na ja, es gäbe Schlimmeres. Sie besitzt ein Haus in den Hamptons oder so …

DER INDISCHE WAHRSAGER

Nach einer langen Zugfahrt erreiche ich Varanasi. Seit Jahrtausenden pilgern Menschen in die heilige Stadt am Ganges, um sich mit den Themen Leben, Tod und Erleuchtung auseinanderzusetzen. Am Ufer herrscht eine märchenhafte, verrückte Atmosphäre: Überall sitzen Sadhus in roten Gewändern, die Leichenverbrennungszeremonien laufen 24/7, Gläubige baden, heilige Kühe stehen im Weg, ein »What the fuck?«-Moment jagt den nächsten. Jeden Abend findet am »Main Ghat« eine Zeremonie statt, bei der Priester die Heilige Mutter Ganges lobpreisen, duftendes Räucherwerk entzünden und Gesänge anstimmen. Dazu nehmen Gläubige ein Bad im Fluss, setzen Blumen und Schwimmkerzen ins Wasser und sprechen ihre Gebete. Am »Burning Ghat« leuchten die Flammen der Scheiterhaufen, auf denen immerzu Leichen verbrannt werden. Der schwarze Qualm steigt gen Himmel. Es soll Touristen gegeben haben, die in Varanasi den Verstand verloren haben. Mich wundert das kein bisschen, denn das, was man hier so sieht und erlebt, macht was mit einem. Es verändert dich. Du weißt manchmal nicht mehr so genau, ob du dich noch auf »deiner Erde« befindest oder in einem Traum, einem völlig abgefahrenen LSD-Trip. Selbst der Smalltalk dreht sich hier um den Sinn des Lebens. »Warum bist du hier?« – »Was suchst du?« – »WER bist du?« Alles ist hier möglich. Genau der richtige Ort für jemanden wie mich, der gerade nicht mehr so genau weiß, warum er auf dieser Welt ist. Ich bin 30, ich habe keinen festen Job, ich weiß nicht, ob der Mann, den ich liebe, mich liebt. Aber ey, ich bin verdammt gut drauf: Weil ich BIN. Ich lebe, bin gesund und darf reisen. Ich kann mir ein Hotelzimmer und ein mit Käse überbackendes Chapati leisten. Dazu ein kühles Bier. Und Weltliteratur von Hemingway. Boom, Shiva!

Gestern bei meiner Ankunft war ich noch voll gestresst. Zunächst irrte ich mit meinem Rucksack gute zwei Stunden durch das Gassenlabyrinth der Altstadt (wo keine Taxis fahren können), bis ich endlich mein *Shiva Ganges View Guest House* fand. In Varanasi heißt nämlich jedes zweite Guesthouse irgendwas mit Shiva oder Ganges oder Shanti, erschwerend kommt hinzu, dass jene Namen alle paar Monate geändert werden, in der Hoffnung, mit einem anderen, attraktiveren Namen noch mehr Touristen anzulocken. Leider bewirkt es oft das Gegenteil: Die Touristen, die ein Zimmer reserviert haben, kommen im Zweifel NIE beim richtigen Hotel an. Aber ich, ey, ich hab es drauf. Vor mir steht es. MEIN Hotel. Ein sehr, sehr alter Mann mit dicker Hornbrille sitzt an der Rezeption und begrüßt mich mit einem freundlichen »Namaste!«. Ich grüße zurück und wühle noch im Stehen hektisch in meinem Rucksack. Mein Wunsch: Personalausweis und Buchungsbestätigung vorlegen, Schlüssel an mich nehmen und ab ins Bett. Ich bin immerhin völlig verstaubt, übermüdet und gejetlagt. Henny will in die Heia!

Aber so einfach wird es mir nicht gemacht. »Darf ich Ihnen eine schöne Tasse Tee auf unserer Terrasse anbieten, Määdäääm?«

Äh, ja, wieso nicht. Vorher knalle ich ihm aber noch meinen Reisepass auf den Tisch, damit er schon mal mit dem Check-in loslegen kann. Aber nichts da. Der alte Herr möchte mir zunächst bei einem Tee Gesellschaft leisten und ein wenig Smalltalk machen. Uff. »Haben Sie hier Wi-Fi?!«, frage ich, während ich nach meinem Handy krame. Ich will unbedingt meinem neuen, superheißen, äh, Freund oder so was schreiben, dass ich gut angekommen bin. »Oh, fuck, Akku alle. Och nöööö!«

Da fängt der alte Mann an, herzlich zu lachen. »Entspannen Sie sich, Määdäääm, reläääääx! Sie sind jetzt in Ihrem neuen Zuhause angekommen. Da brauchen Sie gar kein Handy. Schauen Sie nur, welch herrlicher Ausblick. Ist das nicht schön? Wenn Sie reden wollen – kommen Sie zu mir. Ich höre mir gerne an, was Sie so zu erzählen haben.« Äh, ja, äh, nein, äh, häh?! »Sie haben großes Glück, dass Sie den weiten Weg von Germany gesund und munter hinter sich gebracht haben und nun an Ihrem Ziel sind«, fährt der alte Rezeptionist fort, »dem heiligen Fluss. Morgen früh gebe ich Ihnen das Passwort, damit Sie Ihrer Familie sagen können, dass Sie gesund und heil angekommen sind.« Morgen erst?! Na ja, wenn er meint … Man muss sich ja auch mal … einlassen und so. »Sie wirken sehr nervös. Mögen Sie ayurvedische Massagen? Und Yoga? Ich kann Ihnen jederzeit einen privaten Lehrer buchen oder einen Termin bei einem Wahrsager reservieren. Nur die Allerbesten ihres Fachs. Das würde Ihnen sicherlich guttun, Määdäääm.«

Oh, das klingt ja toll. »Ja, danke, das überlege ich mir bis morgen. Nun muss ich aber erst mal schlafen gehen«, ächze ich.

Der alte Mann nickt lächelnd. »Aber sicher, schlafen Sie schön. Morgen wird ein aufregender Tag werden. Sie sind in der schönsten Stadt von ganz Indien, jung, gesund und mit einem sehr guten Karma, das spüre ich. Außerdem sind Sie im Urlaub, nicht wahr?«

Wow, ja. Der Mann hat recht. Ich lasse mich in den Sessel plumpsen und gieße mir eine zweite Tasse Chai ein. »Ich danke Ihnen für die nette Begrüßung. Ich habe fast schon vergessen, wie es ist, wenn man eigentlich gar nichts weiter zu tun hat, als zu entspannen.« In den vergangenen Monaten hatte ich wie wild an meinem zweiten Buch gearbeitet. Jetzt war ich fertig. Nach zwei Jahren. Endlich fertig.

Der Mann klatscht begeistert in die Hände. »Ich sage es doch, Määdäääm. Jetzt ist es Zeit, um zu relaxen.« Und so lasse ich mich auch nicht mehr länger bitten, als er anbietet, für mich noch am selben Abend einen Termin bei einem stadtbekannten Astrologen zu buchen – »für eine spirituelle Beratung«.

Nachts liege ich in meinem Bett noch lange wach. Die Straßenhunde vor meinem Fenster bellen bis morgens um 5.00 Uhr. In Deutschland ist es ohnehin erst Mitternacht. Ich habe plötzlich das Gefühl, so weit weg von zu Hause zu sein, dass mir schwindelig wird. Wer war ich überhaupt noch, ohne all den ganzen Scheiß, über den wir uns in Europa definierten? Warum konnte ich nicht für immer mit einem kleinen Rucksack um die Welt reisen? Und frei sein?

Einer der Angestellten aus dem Hotel führt mich tags drauf durch die Sträßchen von Varanasi zu einem kleinen roten Tempel. Dort sitzt, umgeben von Aquarien, ein dickbäuchiger, freundlich dreinblickender Baba mit weißem Haar in einem zugegebenermaßen ziemlich speckigen Unterhemd und mit einem orangefarbenen Punkt auf der Stirn. »Namaste! Ich habe dich bereits erwartet.« Oha. Na ja, mal sehen. Er lässt Chai bringen und erklärt: »Ich werde deine Hand- und Gesichtslinien lesen, dir Lebenstipps geben und am Ende darfst du dir etwas wünschen. Das ist das Basispaket. Etwas teurer wird es, wenn ich dir auch noch Tipps für deine Zukunft geben soll.« Kurz fühle ich mich wie bei QVC. Ich winke genervt ab. Basis reicht mir. Dafür muss ich ihm meinen Namen und Geburtsort nennen. Er schlägt ein sehr dickes, altes Buch auf, in dem alle Städte der Welt gelistet sind. Sogar das niedersächsische Kuhdorf, aus dem ich stamme. Das verblüfft mich nun wirklich. Anschließend reibt der Baba meine Handgelenke mit duftenden Ölen ein. »Denk an deine Wünsche. Es kann passieren, dass du dabei sehr emotional wirst. Lass alles raus! FÜHL ES! FÜHL ES!«

Äh, ja. Gesagt, getan. Ich denke an meine Familie, meinen Job und meinen neuen, äh, Freund oder so was. Okay, wir haben bis dato zwar noch nie offiziell darüber geredet, ob wir nun eigentlich fest zusammen sind, was nach fünf Monaten wirklich ziemlich nervenaufreibend ist. Aber ich habe mir geschworen, ihn nicht unter

Druck zu setzen, und fahre noch die »Cool Girl«-Strategie, obwohl ich den Boden unter seinen Füßen anbete und insgeheim schon die Hochzeitsrede parat habe. Ich armer Teufel.

Dann legt der Baba los – und redet nicht lange um den heißen Brei herum: »Du hast ein leeres Herz.«

Ich bin irritiert. »Wollen Sie damit etwa sagen, dass ich keine Liebe empfinden kann?«

Er schüttelte den Kopf. »Nein, meine Tochter. Damit will ich sagen, dass dein Herz gerade nicht besetzt ist. Es ist frei und du verfügst somit über das große Glück, jederzeit einen neuen Menschen hineinzulassen.«

Aus meiner Sicht war das Quatsch. »Nein, nein, ich bin frisch verknallt, eine neue Beziehung ist im Entstehen!«

Er: »Ich sehe da aber keine Liebe.«

Ich finde das ganz schön übergriffig. »Aber ... ich bin glücklich!«

Er: »Das sehe ich nicht. Du hast drei Lieben, die für dich bestimmt sind, und derjenige, von dem du gerade sprichst, zählt nicht dazu. Tut mir leid.«

Ich: »Aber ... er ist mein Traummann!«

Er: »In deinen Träumen, ja, mein Kind. Aber nicht in der Realität.«

Dazu fällt mir nichts mehr ein. Nach 45 Minuten ist die Sitzung beendet. Ich zahle und stolpere mit tränenverschleiertem Blick durch die Dämmerung. So ein Arsch, denke ich und verbringe den Abend wimmernd in embryonaler Pose auf meinem Bett. Nein, ganz so schlimm war es jetzt nicht, aber die Vorstellung amüsiert mich irgendwie.

In Wahrheit sitze ich noch eine schöne lange Weile an einem der Ghats und beobachte das Treiben der Menschen, die alle sehr genau zu wissen scheinen, was ihre Mission ist: Blumenketten verkaufen, Touristen anschnorren, anderen Leuten die Ohren mit Wattestäbchen sauber machen ... Irgendwie beneide ich jeden einzelnen von ihnen. Sie haben keine albernen Luxusprobleme so wie ich. Trotzdem bin ich geknickt, das lässt sich nicht abstreiten. Deshalb gestatte ich mir, zumindest an diesem Abend, ein bisschen traurig zu sein.

Bloß die Inderinnen und Inder lassen es nicht zu. »Zeig mal deine Hand. Ich kann daraus lesen«, kräht mir ein dürrer Turbanträger von links ins Ohr und greift nach meiner Hand. Ich quietsche kurz vor Schreck auf. »Nein, bitte nicht schon wieder. Ich hab echt die Schnauze voll von Möchtegernastrologen.«

»Keine Sorge, du hast ein sehr gutes Karma«, behauptet der Turban. »Das ist sehr sexy!« Er mustert mich kurz. »Rauchst du gern Haschisch? Wenn du willst ...«

Ich schüttle den Kopf. »Nee, vertrag ich nicht.« Tatsächlich liegt der Duft von Ganja überall in der Luft. Süßlich, schwer, macht fast schon passiv high. Hinduistische Shiva-Mönche und (ausländische) Möchtegerns pfeifen sich das Zeug am Ganges in rauen Mengen rein. Stichwort: Bewusstseinserweiterung.

»Wie ist das eigentlich mit Opium?«, will ich wissen. »Ständig will mir hier einer was andrehen. Das ist doch illegal und ganz schön heftiges Zeug, oder?«

Der Turban kichert: »No problem. Wenn's nur ein paar Gramm für den Eigenbedarf sind, wird dich keiner verhaften.«

So, so. »Rauchst du auch manchmal Opium?«, frage ich.

Mr. Turban zuckt mit den Schultern. »Selten. Wenn ich Sex haben will mit meiner Frau. Deshalb nehmen es die meisten Leute in Indien. Man kann dann länger ... Das nennen wir Tantra. Very slowly, for maaaaaany hours.«

Ich mache große Augen. »Ach, das ist für euch so eine Art Viagra?«

Er nickt. »Ja, genau. Sehr anregend. Macht auch nicht gleich süchtig. Wir normalen Leute rauchen es im Schlafzimmer zu besonderen Anlässen. In der Hochzeitsnacht zum Beispiel.«

Über diese und weitere zahlreiche interessante Begegnungen vergesse ich erst mal wieder die kränkenden Worte meines Babas. Erst zu Hause, in Hamburg, fallen sie mir wieder ein – und zwar als mich mein (fast) Freund am Tag meiner Rückkehr anruft, um mit mir Schluss zu machen. Kranker Scheiß.

Die Idee, Geld- oder Haftstrafen zu verhängen, wenn sich Leute in der Liebe asozial oder brutal verhalten, finde ich in Ordnung. Wer gerne mal einen Blick in die Klatschpresse wirft, weiß vielleicht, dass sich Altkanzler Gerhard Schröder im Jahr 2018 in die 26 Jahre jüngere Übersetzerin Soyeon Kim verliebte. Mittlerweile sind die beiden verheiratet, damals waren sie frisch geschieden. Pikant: Die Affäre soll bereits begonnen haben, als beide noch verheiratet waren. Aus diesem Grund wurde Gerhard Schröder vom Ex-Mann seiner Frau in Südkorea auf 77.000 Euro Schmerzensgeld verklagt – wegen »unerträglicher Seelenqual«.[43] Das ist nicht so verrückt, wie es klingt: Im konservativen Heimatland seiner Liebsten waren Seitensprünge vor drei Jahren noch strafbar und man konnte für außerehelichen Sex im Knast landen. Soyeon Kim hatte bei einer Pressekonferenz zudem fälschlicherweise behauptet, schon seit Jahren geschieden zu sein. Das empfand ihr Ex-Mann als große Demütigung. Er beschuldigt Schröder nun, nicht nur seine Ehe, sondern auch seine Ehre ruiniert zu haben. Wenngleich Kim behauptet, sie und ihr Verflossener hätten »schon lange Zeit faktisch getrennt gelebt«, weshalb Schröder nicht verantwortlich für das Scheitern der Ehe sei.[44] In der Scheidungsvereinbarung konnte ihr Ex trotzdem durchsetzen, dass das gesamte gemeinsame Vermögen an ihn fiel und sie die Hälfte der Unterhaltskosten für das gemeinsame Kind aufbringen muss.

Nun sympathisiere ich weder mit Schröder und seiner Verlobten noch mit deren Ex. Allerdings habe ich schon überlegt, welche Seelenqualen ich selbst oder Freundinnen und Bekannte in der Liebe so erdulden mussten. Da sind mir sofort diverse brandgefährliche Straftäter eingefallen, die momentan alle auf freiem Fuß sind – obwohl es sich wahrscheinlich um gefährliche Wiederholungstäter handelt. Man sollte sie alle brandmarken, mit einer kleinen Träne am Handgelenk. Als Warnzeichen für potenzielle neue Opfer. Liebeskummer schwächt nämlich nicht nur das Selbstwertgefühl, sondern auch das Bruttosozialprodukt. Ich selbst habe einmal einen ganzen Arbeitstag lang wimmernd mit dem Kopf auf meiner Tastatur verbracht. Das Gerät musste anschließend ausgetauscht werden. Und meine Wenigkeit wurde gefeuert.

Tja! Kann passieren.

ADVENT, ADVENT, DER SINGLE BRENNT. ODER: GUTEN LUTSCH!

Für Singles gibt es keinen Grund, an Weihnachten in Selbstmitleid zu versinken, denn längst nicht alle Pärchen sitzen am 24. so idyllisch beisammen wie Nicole Kidman und Robbie Williams einst im *Somethin'-stupid*-Musikvideo. Selbst wenn *Last Christmas* derzeit dein eigenes trauriges Liebesleben beschreiben sollte, ist das noch lange kein Grund, jetzt die Nerven zu verlieren.

Was du auf gar KEINEN Fall tun solltest: Bei Tinder ALLES nach rechts swipen, was Augen und Nase hat. Lehne dich stattdessen zurück – und genieße deine Me-Time. Was könnte es Schöneres geben, als sich eine Woche lang ganz entspannt bei Muddi und Vaddi einzuquartieren und von vorne bis hinten bedienen zu lassen?! Immerhin bist du das einzige Kind, das noch an Weihnachten nach Hause kommt (was die beiden seit Jahren davon abhält, endlich ihren großen Traum von einer Karibikkreuzfahrt zu verwirklichen). Während du dich bereits mit einer Dose Plätzchen vorm Kamin zusammengerollt hast, hetzen die Liierten noch verzweifelt durch die City, um das passende Geschenk für Schwiegermuddi zu besorgen. Du hingegen hast dich einfach mit zehn Euro am Familiengeschenk für Oma Hildegard beteiligt, und deine Eltern kriegen Gutscheine für »dreimal Geschirrspüler ausräumen«, darüber haben sie sich früher schließlich auch immer so gefreut. Das muss reichen. Schließlich lebst du allein in der Großstadt – das ist teuer genug.

Sozialer Stress ist dir zwischen den Jahren ein Fremdwort, während deine Pärchen-Freunde verzweifeln, weil sie nicht wissen, wie sie sich zur Zufriedenheit sämtlicher Familienmitglieder über die Feiertage hinweg aufteilen sollen. Schon nervig, wenn deine Eltern in Flensburg wohnen und Schatzis Clan im Schwarzwald. Denn egal, wie man es machen wird, am Ende ist immer jemand beleidigt … Und dann muss man auch noch überall die passenden Geschenke für alle möglichen Neffen und Tanten am Start haben. Nicht selten mündet dieser Wahnsinn in ein regelrechtes Familien-Burn-out zu Silvester.

Tja, und du? Verbringst die Feiertage wie ein Teenager: Morgens schläfst du in deiner alten *König-der-Löwen*-Bettwäsche bis in die Puppen. Danach setzt du dich an den reich gedeckten Frühstückstisch und lässt dir von Papa ein Omelette braten, genauso, wie du es magst. Deine Abende verbringst du wahlweise mit Eierlikör vor dem Fernseher *(Das Traumschiff)* oder gehst auf ein Jahrgangstreffen, wo du hemmungslos mit alten Verehrern aus Abi-Zeiten flirtest. Übrigens: Zu keiner anderen Zeit trennen sich so viele Paare wie zwischen Weihnachten und Silvester! Sprich: Haufenweise neue Singles überschwemmen den Markt – man muss nur noch mit einem Körbchen rumgehen und sie aufsammeln. Was du liebend gern tust, denn der Umweltschutz lag dir schon immer am Herzen.

Nachts kommst du stockbetrunken um 4.00 Uhr nach Hause und hast am nächsten Tag richtig Ärger mit Mama, weil die Haustür nicht richtig abgeschlossen war, du mit schmutzigen Schuhen durch die Küche getorkelt bist und dabei versehentlich ein Porzellanengelchen zu Bruch ging. Wie damals mit 16! Die perfekte Verjüngungskur für dein Gemüt. Das kann man ruhig zelebrieren, solange es noch geht. Denn wer weiß? Vielleicht bist du nächste Weihnachten schon selbst … Mutter! Und der stressige Joballtag steht im Januar auch wieder vor der Tür.

Fies wird's für Singles erst wieder am Silvesterabend, wenn alle deine Freunde Pärchenabende mit Raclette machen. Denn die Geräte dafür sind leider immer für vier, sechs beziehungsweise acht Leute gebaut. Für Singles heißt das dann: »Ich habe heute leider kein Pfännchen für dich!« Dafür kannst du es dir mit TK-Pizza und einer Flasche Wein auf dem Sofa bequem machen, synchron bei *Dinner for One* mitsaufen und dich final dann doch noch zu *Last Christmas* in den Schlaf heulen. Schkolll!

Oder – ebenfalls ein spezieller Luxus – an Silvester einfach erst gar nichts machen zu wollen. So wie letztes Jahr, als ich es versehentlich am 30. Dezember so dolle krachen ließ, dass ich den Silvesterabend mit fettigem Asiafood im Bett verbringen musste. Selbst wenn mich die Stones höchstpersönlich zu einem wilden Sit-in auf einer privaten Karibikinsel hätten einfliegen lassen – mir wäre aufgrund meines körperlichen Zustands nichts anderes übrig geblieben, als abzusagen. Ich war halt keine 20 mehr. Allerdings sollte ich in jener Nacht merken, dass es offenbar gesellschaftlich nicht akzeptiert ist, den Jahreswechsel mutterseelenallein zu verbringen. Zuerst rief mich Kaja an: »Henriette, bist du depressiv, oder was? Gib's zu. Du hast irgendeinen heißen Typen am Start.«

»Nein, ich will einfach nur früh ins Bett.«

»Luder.«

Ich ließ sie dann einfach in dem Glauben. So konnte ich das Telefonat wenigstens kurz halten und endlich mal das Bücherregal aufhängen, das ich vor einem Dreivierteljahr gekauft hatte. Gerade als ich die Bohrmaschine angesetzt hatte, klingelte das Telefon erneut: Mama! Meine Eltern feierten mit Freunden auf der Hamburger Reeperbahn. »Süße! Sehen wir uns später noch? Kurz anstoßen!«

»Nee, Mama, ich bleibe heute zu Hause. Brauche mal Ruhe.«

»Erzähl mir doch nichts! Wer ist bei dir?«

»Chop Suey.«

»Oh, exotisch! Na, meinetwegen. Der wünscht dir dann einen guten Lutsch. Hihi.«

Gegen 23.00 Uhr packte mich die Lust auf etwas Salziges, also schnell Gummistiefel anziehen und zur Tankstelle schräg gegenüber eiern. Der reinste Walk of Shame. Überall dröhnte Partymusik aus den Wohnungen. Auf Balkonen standen Menschen mit Wunderkerzen und Sektgläsern. Vereinzelte Raketen explodierten am Himmel. Ein eigenartiges Gefühl, sich alldem zu entziehen. Aber hey, mein Hangover ließ nun mal nichts anderes zu. Blass und müde schlich ich durch die Regale und suchte mir das aus, worauf ich intuitiv am meisten Bock hatte: Chips und einen Apfel. Dafür hagelte es mitleidige Blicke von allen Seiten.

»Ey, Süße, warum guckst denn du so traurig?«, raunte mir ein bärtiger Mittdreißiger mit Partyhut an der Kasse zu. »Komm mit uns, bei uns steigt gerade eine Wahnsinnsfete. Wir holen gerade Nachschub!«

»Nee danke, alles cool.«

»Komm schon. So ganz allein an Silvester – das geht doch nicht!«

Doch, das ging. Eilig bezahlte ich meine Artikel und lief zurück zu meiner Wohnung. Ich machte mir Tee, trug eine Feuchtigkeitsmaske auf und stellte mir vor, wie es wäre, die neue Bachelorette zu sein. In einer Luxusvilla unter Palmen stünde ich in einem nuttigen Glitzerfummel mit falschen Wimpern, Haarteil und Plastikfingernägeln vor 20 durchtrainierten Hohlbirnen, die alle zumindest kurzfristig ganz verrückt darauf wären, mit mir zusammenzukommen, um eine weiterführende Karriere im Trash-TV anzustoßen. Da wir ja inzwischen wissen, dass der letzte Bachelor ein vorbestrafter Irrer ist, der mal mit einem lebendigen Schwan auf einen Mann einprügelte, könnte ich mir wahrscheinlich ALLES erlauben ...

»DRIIIING!« Machte mein Handy. Bernie. Konnte ich denn nicht einmal meine Ruhe haben?!

»Wir kommen dich jetzt holen. Joey kann noch fahren. Sind in zehn Minuten vor deiner Haustür.«

»NEIN, Bernie! ICH WILL NICHT! Ich lass euch nicht rein. Ich lieg schon im Bett.«

»Ach, daher weht der Wind. Heiß, Henriette, echt heiß. Na, dann noch viel Spaß mit Mr. Unbekannt.«

Ich ließ das unkommentiert so stehen und legte auf. Allmählich fing ich an zu gähnen. Meine Kopfschmerzen waren immer noch unerträglich. Gerade als ich meine Decke bis über die Ohren gezogen hatte und den Selbstheilungskräften des Schlafs entgegenfieberte, klingelte das verfluchte Handy schon wieder.

Mama. »Ist auch wirklich alles in Ordnung mit dir, Liebling?! Pass auf, wir zählen jetzt gemeinsam runter: Zehn, neun, acht, sieben, sechs … Frohes Neeeuuueees!«

Am 1.1. bin ich immer noch nicht ganz wiederhergestellt. Aber in der Mediathek des ZDF wartet derjenige auf mich, dem ich mich nun ganz hingeben möchte: Florian Silbereisen, Kapitän auf dem *Traumschiff*. Mein Anker an grauen Tagen. Wir alle haben 2020 genug Elend gesehen. Da will man am Neujahrstag nur noch eins: strahlend weiße Kapitänsuniformen, Landschaftsaufnahmen von palmengesäumten Traumstränden, seichte Dialoge und bitte, BITTE einfach nur ein Happy End. Garniert mit Eisbomben, Zahnpastalächeln und Wunderkerzen.

AM ENDE

AUF DER BANK VON LADY DI

Ich stehe mit ein paar Leuten aus meinem Freundeskreis in der Schlange vor einem Nachtclub. Eine Stunde, zwei Stunden … Es ist arschkalt. Stumm reichen wir eine Flasche Berliner Luft im Kreis herum. Mein Kumpel Hagen, seines Zeichens begnadeter Stimmenimitator, fängt vor lauter Verzweiflung und Langeweile an, in sächsischem Quatschdialekt zu rufen: »Wir wollen rein! Wir wollen rein!« Das ist sehr lustig. Also für uns, seine betrunkenen Freundinnen und Freunde. Der Rest der frierenden Gäste mustert uns hasserfüllt bis amüsiert.

»Was, wenn es drinnen gar nicht so gut ist, wie alle sagen?«, fragt mich Jana.

Ich zucke mit den Schultern. »Müssen wir selbst herausfinden«, sage ich. »Auf die subjektive Meinung anderer gebe ich nicht viel.«

»Schlimmstenfalls ist der Club total überbewertet.«

»So wie das Taj Mahal.«

»Bitte?«

»Alle sagen immer: Wenn du nach Indien fliegst, musst du dir unbedingt das Taj Mahal angucken. Am Ende war das der miesteste Stopp meiner gesamten Rundreise durchs Land. Agra stinkt wie eine Kläranlage und auf dem Weg zum Taj Mahal wurde ich fast von zwei tollwütigen Hunden zerfleischt. Auf den Schock habe ich bei 40 Grad erst mal ein Kingfisher-Bier runtergestürzt und dann im Garten des Taj Mahal Kreislauf bekommen. Zwangsläufig musste ich mich auf die Bank von Lady Di legen, um ein Nickerchen zu halten. Als ich aufwachte, stellte ich fest, dass sich vor mir eine Menschenschlange gebildet hatte. Indische Familien posierten mit mir, dem blassen rothaarigen Mädchen, für ein Foto. Ich war die Sehenswürdigkeit in der Sehenswürdigkeit! Die Leute waren euphorisch und ließen sich nicht abwimmeln, mir war schwindelig. Ich hatte keine Chance, posierte brav und verpasste später noch meinen Zug nach Delhi. Dort war es übrigens noch beschissener.«

»Aha«, macht Jana und runzelt die Stirn. »Hochdramatisch.«

Hagen singt weiter: »Die Mauer muss weg! Die Mauer ...«

Plötzlich sind wir dran. Einlasskontrolle! »Du nicht«, sagt der bullige Türsteher und zeigt auf Hagen, dessen Nase vor lauter Kälte schon ganz rot ist. »Der ist dicht«, urteilt er.

Hagen switcht ad hoc auf seine seriöse Teamleiterstimme um: »Guter Mann, ich mag eben vielleicht ein bisschen übers Ziel hinausgeschossen sein mit meiner kleinen Singsangeinlage. Jedoch wollte ich meine frierenden Freunde lediglich ein wenig aufheitern. Frei nach dem Motto: ›Ein bisschen Spaß muss sein‹.« Keiner lacht. »Aber betrunken bin ich nicht. *Noch* nicht.« Damit hatte Hagen gegen die Türsteherregel Nummer eins verstoßen: Bloß nicht diskutieren. Und er war nicht zu bremsen. »Gucken Sie mal, ich kann es beweisen!« Hagen fängt an, auf einem Bein zu balancieren, und führt abwechselnd seinen rechten und linken Zeigefinger zu seiner roten Nasenspitze. Ich presse meine Hände auf meinen Mund, so fest ich kann. Jana kommen die Tränen vor unterdrücktem Lachen. Am Ende kommt mal wieder alles anders als gedacht: Der Türsteher hat Mitleid mit Hagen und lässt ihn doch noch rein.

Freudig johlend stürmen wir den Bunker, hinein ins verheißungsvolle Nachtleben. Bloß um nach fünf Minuten ein ernüchterndes Resümee zu ziehen: Hier ist es scheiße. Uninspirierter Elektro, komisches Publikum, überteuerte Getränke, eklige Klos. »Keine Ahnung, warum der Schuppen so gehypt wird«, schreit Jana gegen den dumpfen Bass an.

»Lasst uns abhauen«, meint Hagen. »Ich hab noch Rotkäppchen-Sekt zu Hause.« Wir nicken und machen auf dem Absatz kehrt.

»Hat mich gerade an mein Privatleben erinnert«, murmelt Jana, als wir im Taxi sitzen. »Jahrelang habe ich mich als Single so gefühlt, als würde ich in der Warteschlange vor einem angesagten Club stehen und alles dafür tun, um reinzukommen – in die Welt der glücklichen Paare. Jetzt bin ich drin und denke: ›Okay, das ist es also. Schön! Und nun?‹«

Nachdenklich kippe ich noch einen Schluck Berliner Luft. Im Radio singt Faber: »Nie wieder Kokain …« So ein bisschen kenne ich das, was Jana da beschreibt. Während meiner letzten Beziehung war mein Leben kein bisschen aufregender. Ich fühlte mich sicher und geborgen. Manchmal war es ein bisschen langweilig. Ich trieb weniger Sport, aß mehr ungesundes Zeug, war häufig feiern, weil mein Ex ein Fast-Food- und Party-Animal war. Manchmal vermisste ich mein sportliches, superaktives Single-Ich.

Hagen nickt nachdenklich. »Dann lasst uns jetzt mal auf *unsere* Beziehung zueinander trinken. Ich seid mir nämlich unheimlich wichtig. Mit niemandem stehe ich so gerne zwei Stunden sinnlos in einer Schlange wie mit euch. Ihr seid kälteresistent, trinkfest und findet mich nicht peinlich. All das habe ich bisher bei meinen Frauen vergeblich gesucht.« Zutiefst berührt lassen wir den Schnaps ein letztes Mal kreisen.

Als ich mich nachts um 4.00 Uhr mit ziemlich guter Laune in den U-Bahn-Sitz plumpsen lasse, fängt es plötzlich an, in meiner Manteltasche zu rascheln. Der goldfarbene Elefant!

»Du bist ja voll wie zehn Haubitzen«, eifert sich der Dickhäuter. »Und dein Kajal ist verschmiert. Wolltest du nicht morgen arbeiten? Wo ist überhaupt deine Jacke?«

Ich zucke grinsend mit den Schultern.

»Du kannst mich mal … so nehmen, wie ich bin.«

Zwei Tage später sitze ich, immer noch mit Restkater, an meinem Schreibtisch und halte das fertige Manuskript für dieses Buch in meinen Händen.

»Hey, du«, sagt der kleine Elefant und winkt mit seinem Rüssel. »Gut gemacht.«

Ich lächele verlegen. »Danke. Das habe ich auch dir zu verdanken. Du hast mich jedes Mal wüst beschimpft, wenn ich, statt zu arbeiten, YouTube-Videos gucken oder auf dem Handy daddeln wollte.«

»Unsinn«, entgegnet der Elefant. »Ich bin doch bloß ein Hirngespinst von dir. Du hast dich von innen heraus selbst motiviert. Gratuliere!«

DANKE SCHÖN

Ich habe dieses Buch für meine Freundinnen und Freunde geschrieben. Ohne ihre witzigen Geschichten, ihre schlauen Ratschläge, ihre großzügige Hilfe und ihren wertvollen Input wäre dieses Buch so niemals zustande gekommen. Allen voran: Sarah, Christine, AC, Ivana, Michel, Ajselij, Jacky, Miriam, Svenja, Franky, Johannes, meine Bandkollegen, die JGA-Girls. Bleibt bitte alle so, wie ihr seid. Ich liebe euch von Herzen! Außerdem danke ich allen, die ich über Wochen mit absurden Vorschlägen für den Buchtitel genervt habe. (In der engeren Auswahl stand übrigens *Angeschickert und unseriös durch die Dreißiger*, *Berufsjugendlich for Life* und *Bevor das Grog wird*. Aber der Verlag war dagegen. Ein Glück.)

Vielen Dank an meine Agentin Bettina Querfurth und meine Mentorin Dr. Bettina Hennig, die beide zu jeder Zeit an mein Talent glauben und mich immer wieder in meiner Arbeit bestärken. Gerne möchte ich mich auch bei Angela Gsell und Simone Kohl von Gräfe und Unzer dafür bedanken, dass sie mich zu Beginn dieses Projekts in die richtige Richtung gestupst haben. Und – ganz wichtig! – bei meiner tollen Lektorin Alexandra Bauer sowie ihrer Kollegin Cornelia Rüping. Der Austausch mit euch war ein reines Vergnügen!

Vielen Dank an meine Familie – Mama, Papa, Fenna und natürlich Oma. Sie alle standen und stehen immer bedingungslos und voller Liebe hinter mir. Und Papa: Es war mir eine Freude, in deiner Gesellschaft mit reichlich Gin Tonic vorm Kamin mein Buch zu korrigieren, während nebenbei *Das Traumschiff* lief und wir uns darüber kaputtgelacht haben. Nächste Weihnachten wieder.

Besonderer Dank gilt meinen tollen Arbeitskolleginnen, die mein feministisches Weltbild in den vergangenen Jahren und damit auch den Ton dieses Buches stark mitgeprägt haben. Seit ich mit euch arbeiten darf, weiß ich mehr denn je: *It's a woman's world!*

Zuletzt möchte ich Candace Bushnell für ihre bahnbrechenden Lebensweisheiten danken, die sie mir in unserem Interview mit auf den Weg gegeben hat. Dadurch freue ich mich nun mehr denn je auf meine Vierziger!

ENDNOTEN

[1] Vgl. Christina Waechter: Warum sind wir mit 23 und 67 Jahren am glücklichsten?, aktualisiert am 23.7.2020, https://www.jetzt.de/gutes-leben/mit-23-und-mit-67-jahren-ist-man-am-gluecklichsten, abgerufen am 27.11.2020
[2] Ebd.
[3] Ebd.
[4] Vgl. ebd.
[5] Mercedes Lauenstein: Befreit euch!, 26.2.2020, https://www.zeit.de/2020/10/lebensentwuerfe-polyamorie-digitalisierung-kontrolle-psychotherapie, abgerufen am 30.11.2020
[6] Stella Brikey: Ja. Nein. Vielleicht, in: Emotion Nr. 11/2020
[7] NBC Universal, Inc.: Love Advice Only Gaga Would Give, in: Cosmopolitan 4/2010, www.accessonline.com/articles/lady-gaga-on-bad-boyfriends-being-delusionally-ambitious-82705, abgerufen am 20.1.2021
[8] Alfred Schmidt: »Man kann produktiv sein, ohne allzu hart zu arbeiten«, 25.7.2005, https://www.deutschlandfunk.de/man-kann-produktiv-sein-ohne-allzu-hart-zu-arbeiten.730.de.html?dram:article_id=102492, abgerufen am 20.1.2021
[9] Vgl. Institut für Demoskopie Allensbach: Jacobs Studie 2014, Freunde fürs Leben, https://www.ifd-allensbach.de/fileadmin/studien/Jacobs_Freunde_fuers_Leben_2013.pdf, abgerufen am 21.1.2021
[10] Alard von Kittlitz: Freundschaften. Nie waren wir einander so nah, 17.6.2020, https://www.zeit.de/2020/26/freundschaften-philosophie-entstehung-corona-krise, abgerufen am 4.12.2020
[11] Vgl. Stiftung für Zukunftsfragen: Freizeit-Monitor 2019: Die beliebtesten Freizeitbeschäftigungen der Deutschen, 12.9.2019, http://www.freizeitmonitor.de, abgerufen am 4.12.2020
[12] Stella Brikey: Ein bisschen Rausch muss sein, in: Emotion 1/2020
[13] Bild-Interview: Welcher Beziehungstyp sind Sie, Herr Grant?, 13.11.2014, https://www.bild.de/unterhaltung/kino/hugh-grant/im-bild-interview-ueber-beziehungen-38549040.bild.html, abgerufen am 21.01.2021
[14] Carina Chocano: Jennifer Aniston doesn't need a happy ending, 7.12.2018, https://www.elle.com/culture/celebrities/a25426565/jennifer-aniston, abgerufen am 1.12.2020
[15] Ebd.
[16] Ebd.
[17] Ebd.
[18] Ebd.